GERSON PEREIRA DE FIGUEIREDO

NULIDADE MATRIMONIAL
Perguntas e Respostas

Fons Sapientiae

Edições Fons Sapientiae
um selo da Distribuidora Loyola

Direitos:	© Copyright 2024 – 1ª edição, 2024
ISBN:	978-65-86085-35-8
Fundador:	Jair Canizela (1941-2016)
Diretor Geral:	Vitor Tavares
Diretor Editorial:	Rogério Reis Bispo
Revisão:	Mauricio Pagotto Marsola
Capa e diagramação:	Telma Custodio

Dados Internacionais de Catalogação na Publicação (CIP)
(Câmara Brasileira do Livro, SP, Brasil)

Figueiredo, Gerson Pereira de
  Nulidade matrimonial / Gerson Pereira de Figueiredo. -- 1. ed. -- São Paulo : Edições Fons Sapientiae, 2024.

  Bibliografia.
  ISBN 978-65-86085-35-8

  1.Casamento-Anulação(Direitocanônico)2.Direito canônico 3. Nulidades (Direito) - Brasil I. Título.

24-210229   CDU-347.624:348(04)

Índice para catálogo sistemático:

1. Nulidade matrimonial : Direito canônico 347.624:348(04)

Aline Graziele Benitez - Bibliotecária - CRB-1/3129

Edições Fons Sapientiae
é um selo da Distribuidora Loyola de Livros
Rua Lopes Coutinho, 74 – Belenzinho 03054-010 São Paulo – SP
T 55 11 3322 0100 | editorial@FonsSapientiae.com.br
www.FonsSapientiae.com.br

Todos os direitos reservados. Nenhuma parte desta obra pode ser reproduzida ou transmitida por qualquer forma ou quaisquer meios (eletrônico ou mecânico, incluindo fotocópias e gravação) ou arquivada em qualquer sistema ou banco de dados sem permissão escrita

Sumário

Apresentação 5

Prefácio 9

O matrimônio no direito da Igreja 13

Impedimentos matrimoniais 27

Consentimento matrimonial 39

Forma canônica da celebração do matrimônio 45

Separação e pedido de nulidade 51

Processo breve 71

Processo documental 75

Conclusão 77

Apêndice 79

Bibliografia 85

Apresentação

"O que Deus uniu o homem não separe". A indissolubilidade, a unidade, a abertura à vida, e a fidelidade são elementos constitutivos do matrimônio cristão. O Magistério da Igreja, fundamentado no ensinamento do Nosso Senhor Jesus Cristo, afirma com precisão a realidade deste sacramento. O Papa São João Paulo II na Exortação Apostólica *Familiaris Consortio*, desenvolvendo esta temática afirmava: "É dever fundamental da Igreja reafirmar vigorosamente....a doutrina da indissolubilidade do matrimônio: a quantos nos nossos dias , com toda a vida e a quantos, subvertidos por uma cultura que rejeita a indissolubilidade matrimonial e que ridiculariza abertamente o empenho de fidelidade dos esposos, é necessário reafirmar o alegre anúncio da forma definitiva daquele amor conjugal, que tem em Jesus Cristo o fundamento e o vigor".

A concretude da vida nos desafia. Como corresponder com fidelidade ao mandato evangelizador do Mestre Jesus? Como dar uma notícia boa a toda essa gente? Como cuidar e zelar das famílias, sobretudo daqueles casais que se encontram em sua segunda união? Como lidar com as dolorosas situações de divórcio e separações?

As pessoas são o eixo central da evangelização. O homem e a mulher a serem evangelizados não são seres abstratos, são seres concretos, condicionados pelo conjunto dos problemas sociais e econômicos.

O Padre Dr. Gerson Pereira de Figueiredo, cuja defesa da tese doutoral em Direito Canônico, eu tive a honra de estar presente e subir à banca como convidado de honra ao lado dos catedráticos da Faculdade de Direito Canônico São Paulo Apóstolo, neste livro, com uma argumentação rigorosa, segura, compreendendo que não existe misericórdia sem justiça, oferece aos párocos, secretários e secretárias paroquiais, bem como aos agentes da pastoral familiar e membros dos movimentos eclesiais, um valioso contributo para serem pontes entre o fiel angustiado, diante de sua situação do seu matrimônio e a justiça misericordiosa de Deus presente na Igreja. Quero realçar meu apreço pelo autor e afirmar que numa época em que a técnica da linguagem jurídica afasta as pessoas do acesso a informações que as tornarão livres para tomar as próprias decisões, o Padre Dr. Gerson enfrenta essa realidade buscando eliminar a distância entre as pessoas e o processo jurídico-canônico de nulidade matrimonial, com informações relevantes sobre o modo de proceder para solicitar da Santa Igreja a declaração de nulidade matrimonial.

A presente obra, utilizando uma metodologia simples e objetiva, com perguntas e respostas, é sem dúvida, um valioso instrumento para todos os que têm diante de si o complexo processo de nulidade matrimonial a percorrer. Cuidar do povo, dando a ele acesso aos elementos da Justiça e da misericórdia é para nós um imperativo. O esforço para desenvolver na Igreja uma eclesiologia de comunhão e participação, onde ninguém se sinta excluído, é nossa maior tarefa.

Tenho, portanto, imenso prazer em apresentar uma obra dessa natureza, escrita por um sacerdote que se apresenta preocupado em evidenciar a face misericordiosa e justa da Igreja à tantas pessoas necessitadas, bem como aos inúmeros fiéis espalhados pelo Brasil, a oportunidade de ter nas mãos um conteúdo tão complexo, porém tornados tão acessíveis.

DOM ZANONI DEMETTINO CASTRO
Arcebispo de Feira de Santana, Bahia

Prefácio

Tive a honra de integrar a banca examinadora do doutorado do autor, Pe. Gerson Pereira de Figueiredo. Tese exímia! Impressionaram-me deveras a profundidade analítica e o aparato crítico.

Agora, neste livro acerca da nulidade do matrimônio, Dr. Pe. Gerson nos revela outro dom sobremodo raro hoje em dia: a capacidade de síntese. Com efeito, a verborragia atual empana a verdade e distorce o entendimento. Desta feita, o método de perguntas e respostas vem a calhar e atinge o leitor de frente, exatamente no ponto em que se necessita de uma explanação.

Despiciendo asseverar que é líquido e certo o direito de todo católico ao conhecimento das situações ensejadoras da nulidade do sétimo sacramento. Tornou-se, aliás, fora de moda qualquer respeito humano nessa área. Infelizmente, muitíssimos casamentos, do ponto de vista canônico, padecem do vício da invalidade. Nos albores do seu pontificado, o próprio Papa Francisco alertou-nos a propósito do ingente número de conúbios nulos. Qual é o fator principal que suscita tantos casamentos passíveis de ulterior sentença eclesiástica de nulidade? Cuido que a imaturidade que permeia o convívio social infecciona a vida a dois. De fato, estudos sérios demonstram que o perfil psicológico da adolescência se protrai até a faixa etária dos 40 anos! Como assumir os misteres inerentes ao matrimônio cristão em condições tão adversas?

Neste livro se delineiam não apenas os vícios de consentimento, as causas mais comuns de nulidade, mas o autor discorre igualmente sobre os impedimentos e a falta de forma canônica, entre outras máculas que nulificam o himeneu.

Importante frisar que a presente obra explana as características dos diversos processos de nulidade. Assim, em linguagem acessível ao leitor não familiarizado com a terminologia jurídica, Dr. Pe. Gerson possibilita a cabal compreensão do modus operandi da Justiça Eclesiástica.

O Papa Francisco decerto inovou sobremaneira, com alterações que promoveu em 2015 no processo judicial de nulidade do matrimônio. Quiçá a modificação mais relevante concirna à extinção do recurso obrigatório em face de sentença positiva de nulidade. O autor explica bem este item.

Em suma, *"Nulidade Matrimonial – Perguntas e Respostas"* constitui leitura utilíssima para quem quer resolver o problema (no caso, um casamento malogrado) e está em busca de respostas pontuais e concretas. Neste diapasão, a obra ora prefaciada, além do aproveitamento individual, se presta a integrar a bibliografia dos órgãos paroquiais previstos pela carta apostólica *Mitis Iudex Dominus Iesus*, vale dizer, grupos multidisciplinares (advogados, psicólogos, assistentes sociais etc.) que assistam os fiéis que se encontram em circunstâncias matrimoniais problemáticas (pastoral pré-processual).

A consulta a este livro se efetiva de forma rápida e segura e abre o caminho para eventual processo de nulidade. Aliás, o autor anexa ao livro um apêndice com modelo de histórico e outras minutas que facilitam o ajuizamento de ação judicial perante a corte eclesiástica competente.

EDSON LUIZ SAMPEL
Doutor em Direito Canônico pela
Pontifícia Universidade Lateranense, de Roma.
Professor do Instituto Superior de Direito Canônico de Londrina.
Presidente da Comissão Especial de Direito Canônico da
116ª Subseção da OAB-SP.
Membro da Sociedade Brasileira de Canonistas (SBC).

O matrimônio no direito da Igreja

CONSIDERAÇÕES IMPORTANTES

Antes de iniciarmos essa primeira sessão de perguntas e respostas, quero fazer uma breve introdução acerca do matrimônio canônico que irá contextualizar as perguntas e respostas que seguem. Primeiramente, o matrimônio ou casamento canônico equivale ao casamento na Igreja Católica, portanto, quando ler esse termo "casamento canônico", entenda-se o casamento regulado pelas normas que regem a Igreja Católica. Nesta apresentação da primeira sessão de perguntas e respostas, que tem como principal finalidade apresentar o matrimônio em si, seu conceito jurídico e sua doutrina, cabe ao leitor se esforçar para entender a sagrada doutrina sobre o sacramento do matrimônio e a norma que o resguarda. Desse modo, as questões abaixo colocadas, versarão sobretudo acerca da doutrina e da norma, com o intuito de apresentar aos fiéis e curiosos, o que é o matrimônio, na sua densidade doutrinária e na sua norma escrita. Não se trata de uma reflexão sobre o sacramento do matrimônio, mas questões objetivas, bem como respostas também objetivas. Isto não significa que não se tenham tantos outros elementos a considerar sobre a doutrina e a norma, como a história do matrimônio, sua evolução doutrinal, normativa e inclusive como se chegou até a configuração sacramental na qual se encontra hoje. Naturalmente que estes elementos são de fundamental importância para uma compreensão mais cabal acerca do matrimônio, porém, não é objetivo destas questões trazer à tona tais elementos. Estas considerações evidenciam a profundidade do tema tratado nesta parte introdutória e a sua clara delimitação ao tratá-lo.

1. **O que é o Matrimônio e onde se encontram as leis sobre ele no *Código de Direito canônico*?**

Segundo o cânone 1055, "o pacto matrimonial, pelo qual o homem e a mulher constituem entre si o consórcio de toda a vida, por sua índole natural ordenado ao bem dos cônjuges e a geração e educação da prole, entre batizados foi por Cristo Senhor elevado à dignidade de sacramento. Portanto, entre batizados não pode haver contrato matrimonial válido, que não seja por isso mesmo sacramento". Ou seja, o matrimônio é um sacramento, um pacto ou uma aliança que chamamos de pacto irrevogável, indissolúvel e as normas sobre este pacto, encontram-se no livro IV (quarto), título VII, do *Código de Direito Canônico*, mais especificamente entre os cânones 1055 até o cânone 1165. São um total de 110 cânones dedicados ao sacramento do matrimônio.

2. **Como o matrimônio é compreendido no direito da Igreja?**

A norma o compreende como um pacto pelo qual o homem e a mulher constituem entre si o consórcio de toda a vida, que por sua índole natural é ordenado para o bem dos cônjuges, a geração e educação dos filhos. Esta relação entre os batizados foi por Cristo Senhor Nosso elevado à dignidade de sacramento. Portanto, para a Igreja, o matrimônio é um pacto, um contrato e, segundo a norma, entre os batizados não pode haver contrato matrimonial válido que não seja por isto mesmo sacramento (Cân. 1055). Esse sacramento tem como referência duas propriedades essenciais.

3. Quais são as propriedades essenciais do matrimônio?

De acordo com o direito, as propriedades essenciais são a unidade e a indissolubilidade, que no matrimônio cristão, recebe uma firmeza especial em virtude do sacramento (Cân. 1056).

4. O que significa a propriedade da unidade no matrimônio?

É uma das propriedades essenciais do sacramento do matrimônio, ou seja, sem a qual não se pode falar de matrimônio válido. Quando se fala de unidade, significa que a partir do momento em que se entregam e se recebem mutuamente perante o altar, os dois, homem e mulher, passam a ser um só. Sobretudo pela união carnal que se dá após a celebração do vínculo. A unidade já era uma realidade presente no entendimento de Jesus, quando afirmou que quando o homem deixa seu pai e sua mãe e se une com uma mulher, os dois se tornam uma só carne, não são dois, mas uma só carne (Cfr. Mc 10, 1-12). Pode-se dizer que a unidade significa querer ser cônjuge, ou seja, querer darem-se e receberem-se como esposa e esposo. Esta mútua doação se realiza em várias dimensões da vida do casal, entre elas, a principal é a sexual. Recorde-se que esse ato de dar e receber não significa a anulação do sujeito, a individualidade, mas ao contrário quebra toda possibilidade de individualismo que possa recair sobre um ou ambos os cônjuges.

5. O que significa a propriedade da indissolubilidade no matrimônio?

indissolubilidade significa que o matrimônio não tem um prazo de validade. Não é válido um matrimônio onde uma das partes já chega colocando um prazo ou um aspecto de prazo. O matrimônio é para a vida toda. É entender que o vínculo criado com a celebração do sacramento do matrimônio não está sujeito ao tempo determinado pelo homem, mas apenas ao tempo determinado por Deus, via natureza. Por isto que o casamento só se acaba quando uma das partes morre.

6. Qualquer pessoa pode se casar?

Segundo a norma da Igreja, podem contrair matrimônio todos os que não são proibidos pelo direito (Cân. 1058).

7. Que tipo de proibição ou impedimento podem concorrer para impedir o matrimônio de acontecer?

As proibições e os impedimentos que recaem sobre pessoas e sobre as situações de vida das pessoas. Por exemplo sobre as pessoas: uma pessoa que não é batizada na Igreja Católica, mas pertence a uma religião não cristã, esta pessoa não pode contrair núpcias na Igreja Católica, porque o matrimônio é um sacramento e como todo sacramento, para ser celebrado necessita que a pessoa seja batizada na Igreja, uma vez que o batismo é porta de entrada para os outros sacramentos. Por exemplo, uma pessoa que fez votos religiosos não pode se casar, porque perante a Igreja esta pessoa já tem um vínculo sacramental que lhe impede. Contudo, em ambos os casos, pode haver dispensa por parte da autoridade religiosa competente, o Bispo ou mesmo o Papa. Tendo sido dada a devida dispensa, é possível contrair núpcias. Porém, para que seja concedida a dispensa, a Igreja impõe critérios.

8. O que é uma proibição para a lícita celebração do matrimônio na Igreja e o que fazer?

É uma circunstância em que a celebração do matrimônio mesmo não sendo nula, é realizada de modo ilícito. Portanto, para que não se celebre de maneira ilícita, necessita que se obtenha do Bispo Diocesano uma licença. As proibições não tem apenas a função de impedir que se celebre ilicitamente, mas aquela de proteger o sacramento e as pessoas de serem enganadas quanto a existência de verdadeiros impedimentos para a celebração do casamento.

9. Quais são as proibições e como entender cada uma delas?

As proibições estão contidas no cânone 1071 e são elas:

a) Matrimônio de vagantes: é grande a variedade de impedidos de celebrar o casamento sem a licença do Bispo Diocesano ou do Ordinário do lugar, em especial os vagantes, os transeuntes, migrantes, ciganos, mas aquelas pessoas que não tem domicílio, de acordo com os cânones (100-101), devem ser tratados com maior cuidado, porque podem carregar em si verdadeiras incapacidades ou impedimentos de contrair matrimônio. Acontece que o fato de não terem endereço fixo pode impossibilitar o conhecimento real do estado livre daquela parte que quer se casar. Portanto, na investigação, é importante conhecer as razões porque aquela parte não tem endereço fixo na paróquia e investigar os lugres por onde passou, a família e outros elementos para poder conceder a licença. Não basta solicitar ao Bispo a licença e dizer que se trata de uma proibição prescrita no cânone ora analisado, mas é preciso apresentar ao Ordinário a ausência total de risco de se estar celebrando um matrimônio com grave impedimento. Imagine uma pessoa que é vagante, mas já tenha se casado, religiosamente, em outra paróquia ou mesmo no civil. A investigação deve prever esse e tantos outros casos. É tarefa do pároco ou de quem faz as vezes deste, investigar se está tudo ok, se se trata apenas de uma pessoa vagante mesmo ou alguém que está fugindo de alguma coisa, para poder solicitar a licença e necessita relatar ao Bispo que foi feito toda a investigação cabível e não encontrado nada que fosse real impedimento. Caso contrário, se após o casamento houver fato novo e impeditivo, a paróquia estaria assinando atestado de incompetência na sua função de proteger o sacramento e as pessoas.

b) Matrimônio que não possa ser celebrado civilmente: Esta proibição é nova na legislação canônica e refere-se aqueles casos em que uma ou ambas as partes estejam vindo de uma união celebrada apenas civilmente. A Igreja não pode se tornar cúmplice de injustiças cometidas contra parceiros de boa-fé ou contra filhos inocentes. Por isso, ela tenta amenizar a possibilidade do cometimento do mal por parte de alguém, dificultando um pouco as coisas. Assim, para um casamento que tenha proibições de ser celebrado civilmente, o Ordinário só conceda a licença após verificar que não é mais possível convalidar o casamento já existente civilmente; aquele casamento que não houve a forma canônica; aquele casamento em que a Igreja não desobedeça a uma lei civil. Por este último elementos, é necessário alertar que a Igreja precisa ter prudência ao conceder licença para casamento que não possa ser celebrado civilmente. Em geral, quando envolve ameaça à dignidade da pessoa humana e seu sustento, há um entendimento que se deva conceder, mas não se pode confundir essa dignidade com a tentativa de burlar a lei civil para não diminuir ganhos financeiros.

c) Matrimônio de que tem obrigações naturais, originadas de união precedente, para com outra parte ou para com filhos: essas obrigações dizem respeito a casamento anterior, mesmo que já declarado nulo pela Igreja, mas que tenha tido filhos e a responsabilidade pelo sustento dos mesmos permaneça na ordem da obrigação natural; casamento no qual ao menos uma das partes já tenha sido casada no civil e mantenha algum tipo de obrigação natural ou jurídica, mesmo que civilmente; uniões naturais seguidas de separação. Acontece que algumas pessoas querem se casar, mas tem pendências naturais (filhos menores para sustentar), questões jurídicas no âmbito civil (pensão para pagar) ou morais (sustentam concubina). Diante dessas pendências, a Igreja ao tomar conhecimento, pede que se resolva primeiro estas questões e só depois se conceda a licença. A justificativa para esta proibição é a não leniência com pessoas que, travestidas de religiosas, se utilizam da fé e da imagem fornecida pela religião, com o intuito de lesar direitos dos outros.

d) Matrimônio de quem tenha abandonado notoriamente a fé católica: O abandono do qual se fala não é apenas aquele de conhecimento público, mas, sobretudo, aquele previsto nos cânones da Igreja (abandono formal da fé católica). Porém, mesmo sem o abandono formal, verifica-se em uma pessoa que deseja o casamento uma verdadeira perseguição em relação à Igreja Católica, com fake News sobre o governo do Bispo Diocesano ou mesmo do Papa, pode-se considerar notório o abandono da fé católica. Quando o noivo ou noiva insistir em se casar com quem verdadeiramente abandonou a fé católica, o Ordinário do lugar pode conceder a licença, mas deve exigir que faça a promessa de cumprir as condições previstas no cân. 1125 relativas aos casamentos mistos. É necessário garantir que ambos cumpram essas condições porque esta é uma situação grave para a fé das pessoas que participam ou tomam conhecimento do casamento, bem como para os próprios cônjuges, e a inda mais para a fé dos filhos.

e) Matrimônio de quem esteja sob alguma censura: A censura a que se refere essa proibição é aquela imposta por descumprimento do que diz o cânone 209, da obrigatoriedade de todo fiel estar em comunhão com a Igreja. Para que a proibição desapareça, o fiel precisa reestabelecer a comunhão rompida. As censuras podem ser excomunhão ou interdito e proíbem as pessoas de receber qualquer sacramento. Antes de conceder a licença, o Ordinário do lugar esteja certo da correção da anomalia canônico-jurídica, da correção da situação da pessoa e de sua reconciliação com a Igreja.

f) Matrimônio de pessoa menor de idade, sem o conhecimento ou contra a vontade razoável de seus pais: Os pais desempenham um papel importantíssimo na educação e realização dos filhos e, naturalmente, muitos ajudam na escolha do estado de vida dos filhos. Esta influência exercida pelos pais, mesmo que não signifique forçá-los a aceitar o que eles aconselham, nem com quem deva se casar, é muito importante que, em sendo menor de idade, os pais se responsabilizem em tomar conhecimento de uma decisão tão fundamental para vida dos filhos, para a Igreja e para a sociedade em geral. Por este motivo, a proibição do casamento de pessoa menor de idade sem o conhecimento e consentimento dos pais se faz necessário. Em muitos casos, a imaturidade leva a fazer escolhas sem a devida ponderação e para não interferir diretamente na escolha das pessoas (os filhos), a Igreja busca nos pais um suporte para conceder aquilo que os filhos pedem. O motivo dessa medida cautelar, não é a tutela do matrimônio em si mesmo, mas o bem da instrução familiar. Ou melhor, o que se pretende salvaguardar em termos de valor das relações pais-filhos. É preciso informar ainda, que a proibição deste tipo de casamento e a circunstância dessa proibição diz respeito ao grau de maturidade dos filhos menores, uma vez que ainda permanecem imaturos ou sem o mínimo de condições materiais e espirituais para assumir os deveres inerentes a esse novo estado de vida. Após avaliar a discrição de juízo dos menores cerca do que se pede e a razoabilidade do pedido, o Ordinário negue ou conceda que se faça a celebração religiosa do matrimônio. é importante observar o elemento cultural no qual aquela família está inserida, para balizar a resposta.

g) Matrimônio por procuração: Mencionado no cân. 1105, trata-se daquele casamento em que uma das partes não está presente fisicamente, mas legalmente representada por outra pessoa. Exigência prevista no cânone 1105. Por existem questões pastorais como o grau de conhecimento de um para o outro; até quando o consentimento é livre e verdadeiro e as questões de leis civil que muda de um país para o outro e outras. Todas estas questões faz a Igreja refletir que, para conceder a licença para esse tipo de casamento apenas o Ordinário do lugar é competente, uma vez que ele poderá se cercar de formas que sanem as questões pertinentes.

10. É possível cessar a proibição e a pessoa se casar na Igreja?

Sim, é possível, mas para que isto aconteça, a pessoa interessada em se casar, precisa juntar elementos e fazer uma solicitação ao Bispo da diocese, para que lhe dê uma licença daquela proibição, a fim de contrair núpcias. Isto porque para as proibições é possível haver a licença do Bispo diocesano.

11. Existem pessoas incapazes para se casar?

Sim, existem. De acordo com o cânone 1095, são incapazes para o matrimônio:
   a) Os que carecem do uso suficiente da razão;
   b) Os que sofrem de defeito de discrição do juízo acerca dos direitos e deveres essenciais do Matrimônio, que se devem dar e receber mutuamente;
   c) Os que por causa de natureza psíquica não podem assumir as obrigações essenciais do matrimônio.

12. O que significa uma pessoa com carência do uso suficiente da razão como afirma o cânone 1095 §1?

São pessoas que não têm a idade juridicamente aceita para o casamento, como é o caso de uma criança ou pessoas que têm problemas psíquicos permanentes que os inabilitam para estabelecer um contrato tão importante como é o casamento e sobretudo o incapacita para cumprir as exigências sacramentais que o casamento tem.

13. Segundo o cânone 1095 §2, o que significa uma pessoa que sofre de defeito de discrição do juízo acerca dos direitos e deveres essenciais do Matrimônio, que se devem dar e receber mutuamente?

Significa que não basta que o sujeito possua um suficiente uso de razão (seja maior de idade ou não seja portador de enfermidade psíquica), mas é preciso que ele tenha uma adequada maturidade psicológica capaz de compreender o que está fazendo, porque está fazendo e para que está fazendo aquilo que faz, no caso, se casando. Sem essa compreensão não é possível a Igreja permitir que alguém receba o sacramento do matrimônio. Ou seja, essa maturidade pedida pelo cânone 1095 §2, a discrição de juízo, é uma maturidade específica, ordenada ao conhecimento de que o casamento é entre homem e mulher, é para toda a vida, para a geração e educação dos filhos, para o bem dos cônjuges, que se devem dar e receber mutuamente, com um pacto irrevogável. Faltando essa consciência, é impossível haver o matrimônio.

14. Os que por causa de natureza psíquica não podem assumir as obrigações essenciais do matrimônio, segundo o cânone 1095 §3. Quem são essas pessoas que não podem se casar na Igreja?

São aquelas pessoas que sofrem de algum transtorno psicológico que o incapacita de entender o que é o sacramento do matrimônio. São vários os casos, mas o principal deles é o daquela pessoa que sofre com uma esquizofrenia ou demência ou outra doença de natureza psíquica que o inabilita para o sacramento do matrimônio. Porém, é importante que se diga que apenas a Igreja tem o poder de avaliar todos os casos presentes no c. 1095. Não cabendo a ninguém afirmar que tal pessoa não pode se casar por isso ou por aquilo. A Igreja tem os instrumentos e meios corretos para avaliar se uma pessoa é ou não capaz de se casar e só ela pode dizer isso. É importante levar em consideração que aqui estamos falando em sacramento do matrimônio e nem sempre as mesmas regras se aplicam ao casamento civil, pois as bases de reflexão são diversas.

Impedimentos matrimoniais

Os impedimentos da válida celebração do matrimônio podem ser de norma divina ou eclesiástica. Quando se fala em impedimento fruto da observância da norma divina, fala-se de uma realidade imutável, o contrário ocorre quando se fala de impedimento fruto da observância da norma eclesiástica, que é mutável. Por isto, o tema do impedimento é caro para a legislação e doutrinas canônicas, merecendo de nossa parte uma explicação prévia às questões postas e respondidas, a fim de contextualizar o leitor. É bom saber que o número, natureza, efeitos, e a própria cessação dos impedimentos, foi mudando no decorrer da história para responder às necessidades temporâneas da Igreja. Essa evolução natural também se refletiu no desenvolvimento compreensivo da natureza do casamento como uma realidade social e eclesial. Portanto, ao falar do tema dos impedimentos matrimoniais, estamos falando de uma realidade mutável naquilo que pode ser mudado e imutável naquilo que não pode mudar. Estejamos certos de que cada impedimento tem uma razão lógica, de fé e axiológica de ser e estar no conjunto do texto legislativo.

Os impedimentos de origem divina, são baseados no casamento como instituição natural e afetam todas as pessoas, batizadas ou não; aqueles impedimentos criados pelas leis eclesiásticas têm por base a natureza sacramental do casamento e suas relações com a comunidade dos fiéis, e por isso, afetam somente os católicos batizados.

1. O que são e quais são os impedimentos matrimoniais?

São circunstâncias de natureza externa estabelecida pelo direito, que torna uma pessoa inábil para contrair validamente o matrimônio. Podem ser impedimentos dirimentes em geral e em especial. Em geral são todas as circunstâncias que impedem uma pessoa de contrair núpcias, sendo aqueles impedimentos dirimentes em especial, exatas 12 circunstâncias que impossibilitam a pessoa de celebrar o sacramento do matrimônio. Os impedimentos são, a saber: idade; impotência; vínculo; disparidade de culto; ordem sagrada; profissão religiosa; rapto; crime; consanguinidade; afinidade; honestidade pública e parentesco legal.

2. Como se explica de maneira clara cada um desses impedimentos?

Podem ser explicados da seguinte maneira:

a) **Impedimento de idade**: O homem antes dos dezesseis anos completos e a mulher antes dos catorze anos completos, não podem contrair núpcias validamente. No entanto, a norma universal da Igreja afirma que fica na responsabilidade das conferências episcopais dos países, estabelecer uma idade superior (Cân. 1083).

b) **Impedimento de impotência**: A impotência para o ato sexual, seja ela antecedente e perpétua, absoluta ou relativa, por parte do homem ou da mulher, exclui o matrimônio da possibilidade de ser celebrado, pela própria natureza da circunstância (Cân. 1084). Porém, se o impedimento de impotência for algo duvidoso, o matrimônio pode ser celebrado. O importante é entender que se houver a confirmação e a certeza médica da impotência, o matrimônio não deve ser celebrado. E a esterilidade, também dirime o matrimônio assim como a impotência? Não, não há a proibição para casos de esterilidade, mas veja bem que, esta proibição não existe se houver da parte do casal, a consciência de que uma das partes é estéril, ou seja, caso alguém se case enganado pela outra parte sobre essa esterilidade, o consentimento matrimonial não pode ter sido dado validamente. A parte estéril precisa, antes das núpcias, informar ao futuro cônjuge sobre a sua esterilidade (Cân. 1084 §3).

c) **Impedimento de vínculo**: é quando uma pessoa está ligada por um vínculo matrimonial anterior, mesmo que seja apenas civilmente. Ainda que o matrimônio tenha sido nulo ou o dissolvido no civil, só poderá casar-se de novo depois que sair a confirmação da nulidade do primeiro matrimônio ou a carta de divórcio. (Cân. 1085).

d) **Impedimento de disparidade de culto**: O casamento entre uma pessoa batizada na Igreja católica ou que foi acolhida formalmente nela, e uma pessoa não batizada, não pode acontecer sem cumprir as exigências solicitadas pelo direito, ou seja, que a parte católica declare que está preparada para afastar os perigos para a sua fé, que prometa fazer o possível para que os filhos do casal sejam batizados na Igreja católica, que se comprometa em informar a parte não católica de todos estes compromissos, de modo que ela vá as núpcias sabendo da sua obrigação em respeitar a parte católica e o encaminhamento do batismo dos filhos. Observe que para este tipo de casamento, os dois devem ser diligentemente instruídos acerca dos fins do matrimônio católico, das propriedades essenciais da unidade e indissolubilidade, e que nenhum dos contraentes pode excluir tais elementos (Cân. 1086 §1 e §2). E quando o batismo de uma das partes é duvidoso? Neste caso, o matrimônio goza do favor do direito, ou seja, em caso de dúvida deve-se celebrar o matrimônio até que conste com certeza que uma das partes era ou não batizada (Cân. 1086 §3). E aqueles casos em que um católico se casa com um evangélico? Como a paróquia deve proceder? Estes casos não se enquadram como disparidade de culto, a não ser que a parte evangélica tenha se convertido a uma religião não cristã, como o budismo ou islamismo, por exemplo. Porém, devem ser seguidas as mesmas exigências para o casamento com disparidade de culto, porque estão em jogo as mesmas coisas, ou seja, a fé, o batismo dos filhos etc. Ocorre que na maioria das vezes, as comunidades cristãs não católica das quais originam um dos nubentes, não tem o seu batismo reconhecido pela Igreja católica, por este motivo também se torna justificado a aplicação das exigências já apresentadas para casamentos com disparidade de culto.

e) **Impedimento de ordem sagrada, (Padres, Bispos)**: Não pode contrair validamente núpcias. (Cân. 1087). No entanto, quando um membro do clero, recebe do Vaticano a dispensa das obrigações contraídas com a Sagrada Ordem do Sacerdócio, aí sim, ele pode pedir à Igreja que lhe conceda as núpcias com sua companheira, mas é preciso esclarecer que isto só acontece mediante um processo interno da Igreja. Isto vale também para os que estiverem ligados por voto perpétuo de castidade em um instituto de vida religiosa, como é o caso dos religiosos, freis, frades, irmãos, freiras, monjas (Cân. 1088).

f) **Impedimento de rapto**: é o caso em que uma pessoa é raptada, mantida em cárcere para poder dizer sim ao seu raptor. Naturalmente este matrimônio não será válido, porque o princípio da liberdade não foi respeitado. O rapto foi efetuado para afins de matrimônio, ou seja, a pessoa foi raptada para dizer sim ao desejo de casamento de quem lhe raptou. Neste caso o matrimônio não é válido (Cân. 1089). Porém, se depois de estar em local seguro e distante do seu raptor, a pessoa decidir que quer se casar com ele, não há nenhum impedimento, pois o princípio da liberdade de consentir está intacto.

g) **Impedimento de crime**: ocorre quando uma das partes ou as duas, planejam causar a morte de uma pessoa para poder se casar com o seu companheiro ou companheira (Cân. 1090). É simples, imagine que a amante e o marido, resolveram matar a esposa para eles se casarem, portanto é lógico que com a esposa viva não ocorreria o casamento no religioso, porque mesmo sendo divorciados, religiosamente as partes são casados perante Deus e a Igreja. Imaginemos que um homem mata o companheiro de uma mulher para poder se aproximar e se casar com ela, mesmo que ele consiga se casar, este casamento é invalido na figura da norma, tacitamente. Mesmo que ela não saiba que foi ele quem matou seu esposo e depois de superado o luto venha a gostar dele e se casar com ele, este matrimônio é inválido, porque na sua raiz tem um crime. No entanto, este impedimento só existe para o matrimônio com aquela pessoa relacionada diretamente ao crime, ou seja, o criminoso pode contrair matrimônio com outra pessoa, que não tenha nada a ver com a situação. Significa que um ex-presidiário, cujo crime pelo qual foi preso não tenha relação com a mulher com quem deseja se casar, peça o matrimônio, a Igreja irá averiguar outros elementos, mas não poderá impedi-los.

h) **Impedimento de consanguinidade**: Não é permitido nenhum matrimônio na linha reta no grau de parentesco e até o quarto grau da linha colateral (Cân. 1091). Não é difícil de compreender, basta entender que é proibido o casamento entre pai e filha, mãe e filho, irmão e irmã, tio e sobrinha, avó e neto. Se houver alguma situação de dúvida se realmente as pessoas têm algum desses parentescos, a norma recomenda que nunca se realize o matrimônio. O melhor a fazer para dirimir as dúvidas quando houver a suspeita entre o parentesco dos noivos, é reconstruir a árvore genealógica dos dois, até chegar aos bisavôs. Se, pelo menos, um destes for comum a ambos os futuros nubentes, pode existir o impedimento, caso contrário é inexistente. Em existindo, é preciso identificar o grau e pedir a dispensa. Para todos os efeitos, ao se deparar com algo assim, busque alguém que possa ajudar a dirimir a questão.

i) **Impedimento de afinidade**: este impedimento se explica pela relação moral e jurídica que venha a existir entre um cônjuge e os consanguíneos do outro. Em linha reta, o matrimônio é sempre nulo (Cân. 1092). Este impedimento surge apenas de matrimônio válidos, seja ele ratificado ou não, e consumado ou não, a proibição sempre vai acontecer. O grau de afinidade é determinado pelo grau moral que une cada um dos parentes do outro cônjuge. Por se tratar de um impedimento de direito humano, ele pode ser dispensado pelo Bispo, mas é preciso observar que cada caso é um caso.

j) **Impedimento de honestidade pública**: este impedimento origina-se de um matrimônio inválido. Ou seja, um casal casado no civil, ou em situação de união estável ou em união de fato, as partes desse casal não poderão contrair núpcias com os parentes dos seus companheiros, como acontece com o impedimento de afinidade. A diferença é que neste impedimento, as partes não precisam estar casadas legalmente, basta que publicamente instaure a vida a dois para já estarem sob esta disciplina. (Cân. 1093).

k) **Impedimento de parentesco legal**: é a proibição de contrair matrimônio aquele homem e aquela mulher ligados por vínculo legal surgido de adoção, seja em linha reta ou até o segundo grau da linha colateral (Cân. 1094). Ou seja, é proibido o matrimônio entre o adotante e a adotada, entre o adotante e o cônjuge da adotada, entre o adotado e o cônjuge do adotante, entre o adotado e a filha legitima do casal, se esta for nascida antes da adoção. Em caso de dúvida ao se deparar com algo do gênero, buscar ajuda de alguém que compreenda essa dinâmica do impedimento.

3. **Para estes casos apresentados na questão anterior, quais aqueles que podem receber a dispensa do Bispo diocesano e as partes se casarem?**

Os seguintes impedimentos podem ser dispensados pelo Bispo diocesano: Idade (quando houver a devida autorização dos pais); Disparidade de culto (no entanto, se houver da parte não batizada, o compromisso em cumprir as exigências colocadas pela Igreja ou ao menos ter consciência das mesmas); Rapto (na prática, é importante seguir o que diz a norma, quando afirma que cessando-se o rapto, a parte que foi raptada estando em segurança e decidindo se casar com aquele que foi seu raptor, pode); Consanguinidade, mas apenas aqueles casos que não atinja a norma no que diz respeito aos graus e linha (nunca se dispensa do impedimento de consanguinidade em linha reta ou no segundo grau da linha colateral – cân. 1078 §§ 2 e 3); Afinidade (pois é um impedimento puramente de direito humano, pode ser dispensável pela autoridade legítima, no caso o Bispo diocesano); Pública honestidade (pode ser dispensado pelo Ordinário local); Parentesco legal (por ser de direito eclesiástico pode ser dispensado pelo Bispo diocesano).

4. **Quais os impedimentos que não podem ser dispensados pela Igreja e quais podem ser dispensados?**

Os impedimentos que nenhuma autoridade humana pode dispensar são: Impotência e vínculo. Os impedimentos que apenas o Papa pode dispensar, são: crime, mas em perigo de morte. O Bispo diocesano também pode dispensar em perigo de morte, do impedimento de crime. Ordem Sagrada e profissão religiosa podem ser dispensados pelo Papa e pelo Bispo diocesano respectivamente. Porém, o Bispo diocesano dispense apenas naqueles casos em que o Instituto Religioso tenha sido constituído como sendo de Direito Diocesano e não de Direito Pontifício. Se for de Direito Pontifício, apenas o Papa poderá conceder a dispensa.

5. **Quem deve pedir a dispensa naqueles casos que são possíveis, os nubentes ou a paróquia?**

A paróquia. É ela que se dirige ao Bispo, na pessoa do seu pároco, e formula o pedido. O Bispo analisa o pedido e defere pelo sim ou pelo não. Caso defira pelo não, é preciso justificar porque está negando o pedido. Caso defira pelo sim, pela concessão, deve enviar para a chancelaria fazer o devido registro da dispensa no seu livro de arquivo e enviar com o referido número de protocolo para a paróquia solicitante, que deverá arquivar este documento na habilitação matrimonial dos nubentes.

6. Existem outros impedimentos para celebrar o matrimônio?

Não. Existem pessoas que são incapazes, de acordo com o Direito da Igreja, de celebrar núpcias, ou seja, o matrimônio. Sobre esse assunto, é importante informar que, diferente dos outros sacramentos que é o padre que celebra e por isso ele é o ministro daquele sacramento, no sacramento do matrimônio, os noivos são os ministros e a Igreja entende, que existem pessoas que não podem ser ministros.

7. Quais pessoas são incapazes para celebrarem matrimônio?

Os que não tem suficiente uso da razão; os que tem grave falta de discrição de juízo a respeito dos direitos e obrigações essenciais do matrimônio, que se devem dar e receber; os que são incapazes, por causa de natureza psíquica (Cân. 1095). Aqui estamos apenas reforçando a questão, pois já foi respondida anteriormente.

8. O que pode tornar um matrimônio inválido?

Aquele matrimônio viciado por erro de pessoa ou dolo. Ou seja, imaginemos que uma pessoa omitiu uma verdade que se fosse falada antes do casamento, a outra parte teria desistido e não consentido, tal a gravidade da informação (Cân. 1098). Ou imaginemos que uma pessoa se apresenta como um exímio advogado e tem condições de dar uma digna sobrevivência para a futura esposa e por tempos mantém esta personagem, pois quer impressionar sua noiva e obter dela o consentimento, mas na verdade não é essa a formação nem a profissão que possua, muito menos tem condições de sustentar a família. No primeiro caso houve dolo e no segundo erro, e o matrimônio celebrado nestas condições não pode ser válido. Recorde que a qualidade que torna inválido o matrimônio deve ser uma qualidade direta e principalmente visada (Cân. 1097).

9. O erro a respeito da unidade e da indissolubilidade ou mesmo da dignidade sacramental do matrimônio, compromete sua válida celebração?

Não, se não determinar a vontade de quem vai consentir, mas, se determinar, nesse caso compromete, pois viciará o consentimento (Cân. 1099).

10. Uma pessoa que está certa de que o matrimônio dela é nulo ou que tem uma opinião sobre a nulidade do seu matrimônio, exclui o consentimento emitido?

Não. Nem a certeza, nem a opinião acerca da nulidade do matrimônio não exclui necessariamente o consentimento matrimonial (Cân. 1100). O que pode acontecer é haver, por parte dessa pessoa um pedido de abertura de processo de nulidade para confirmar sua suspeita, mas até que saia a sentença do tribunal, o matrimônio é válido. Não presunção de nulidade, para todos os efeitos o matrimônio é válido, a nulidade apenas pode ser invocada após o processo, com a sentença dos juízes da corte eclesiástica.

Consentimento matrimonial

A constituição de uma comunidade de vida e de amor, que entendemos como matrimônio, deve supor e assim supõe, o poder e o querer. Para contrair matrimônio, apenas aquelas pessoas juridicamente hábeis dentro da Igreja Católica poderão se casar. Porém, mesmo podendo se casar, a pessoa precisa querer, e este último elemento fica transparente através do consentimento matrimonial. O volume de achados em torno do consentimento matrimonial ao logo dos séculos é enorme e as teorias assim também o são. Isto indica a força dessa realidade, do ponto de vista jurídico e moral. Casar-se sem vontade não pode ser naturalizado, uma vez que para constituir uma verdadeira comunhão de vida é necessário o querer. Esse querer não é pura e simplesmente como nos vem da boca pra fora, mas tem todo um objeto de desejo manifestado, uma consciência manifestada e uma vida doada e recebida. O consentimento é peça chave na doutrina e na norma sobre o matrimônio.

1. O que é o consentimento matrimonial?

É o empenho da vontade e do pensamento na confecção daquele ato de doação que se torna visível perante todos na celebração das núpcias, quando os noivos se dão e se aceitam como marido e mulher. O consentimento matrimonial é o elemento que faz o matrimônio em si, pois sem ele não é possível saber qual é a vontade das partes. essa vontade em firmar o pacto irrevogável do matrimônio, só se torna conhecido se legitimamente manifestado pelas partes, no momento do casamento diante da testemunha qualificada. Portanto, aquela manifestação do homem e da mulher, perante o padre e a comunidade na hora do casamento, chama-se consentimento matrimonial. Este consentimento, quando manifestado entre pessoas juridicamente hábeis, não pode ser suprimido por nenhum poder humano. Por ser o ato de vontade pelo qual o homem e a mulher firmam o consórcio para a vida toda, o consentimento constitui o matrimônio (Cân. 1057).

2. Mas não é o amor que constitui o matrimônio?

Não. O consentimento qual manifestado de uma vontade interna, não se confunde com um ato de amor, mas não quer dizer que o exclua, pois o amor é essencial no matrimônio. Embora, não seja ele quem o faz. Isto porque o consentimento é um elemento objetivo, como vimos na questão anterior e tem elementos avaliáveis objetivamente, já o amor está na esfera subjetiva, cujos elementos não são possíveis de serem avaliados do ponto de vista jurídico. Social e teologicamente, o matrimônio pressupõe a existência do amor, mas não é feito pelo amor, pode-se dizer que o amor o mantém aceso, dinâmico, fortalecido e isto tudo é muito importante, mas quem faz o matrimônio é o consentimento das partes. Este consentimento não pode apresentar defeitos, que chamamos de vícios do consentimento.

3. **O que é vício do consentimento?**

O vício do consentimento é que se define como defeito do negócio jurídico. Aquele negócio jurídico fundamentado no desequilíbrio da atuação da vontade das partes ou de uma delas. São situações estranhas à verdadeira vontade das partes ou de uma delas em celebrar aquele negócio jurídico, que aparece em forma de motivo, força a deliberação e estabelece divergência entre a vontade real que não permite que ela se forme com perfeição. Trata-se de uma vontade defeituosa. Imagine alguém que está dizendo que assume uma relação, apenas para não perder o emprego, ou porque não quer fazer a outra pessoa sofrer, ou porque não quer fazer sua própria família sofrer. Imagine alguém que se casa porque engravidou, mas se não tivesse engravidado não se casaria com aquela outra pessoa. Tudo isso é exemplo de vício do consentimento, pois exclui a liberdade da pessoa em querer o matrimônio pelo próprio matrimônio.

4. **Em se tratando do matrimônio, quais os principais vícios do consentimento?**

Aqueles que incidem sobre o entendimento e aqueles que incidem sobre a vontade.

5. **Quais os vícios que incidem sobre o entendimento?**

Ignorância e erro. A ignorância é um estado negativo do entendimento, ou seja, a razão sequer chegou a formar opinião sobre o matrimônio, porque não lhe foi dada nenhuma informação a respeito do objeto do consentimento, o matrimônio. Já o erro, é um juízo positivo, mas falso, pois ele sabe sobre o matrimônio, mas de uma maneira talvez deturpada e por isto emite um falso juízo do objeto do contrato que deverá consentir. Erro é uma noção inexata, não verdadeira, sobre o matrimônio, que influencia a formação da vontade. O erro para viciar a vontade e tornar anulável o negócio jurídico, deve ser substancial, escusável e real, no sentido de que há de ter por fundamento uma razão plausível, ou ser de tal monta que qualquer pessoa inteligente e de atenção ordinária seja capaz de cometê-lo. Para atingir a validade do consentimento, a ignorância deve ser do próprio matrimônio, ou seja, os contraentes devem estar ignorantes, desinformados de que o matrimônio é um consórcio permanente entre homem e mulher, ordenado a procriação dos filhos por meio de alguma cooperação sexual (Cân. 1096 §1). O erro, por ser um falso juízo, ele pode ser acerca dos fatos e acerca do direito. Acerca do fato, significa aquele erro acerca da pessoa com quem se vai casar. Acerca do direito, é aquele erro que incide sobre a instituição matrimonial mesma. Ou seja, não é sobre a pessoa, mas sobre o sacramento.

6. Quais os vícios que incidem sobre a vontade?

São aqueles erros ligados ao querer. Pois, não basta conhecer o objeto do contrato matrimonial, ou conhecer a pessoa com quem vai se casar. É preciso querer consentir casar-se com essa pessoa específica. São dois os erros da vontade: simulação e coação-medo. A simulação é aquele vício no qual o ato de vontade interno não está em conformidade com o ato externo realizado pelo contratante do negócio jurídico e pode ser mais bem entendido nas seguintes hipóteses: A) simulação total: se um dos nubentes ou ambos excluem o próprio matrimônio. Ou seja, afirma que quer se casar diante do padre, mas por dentro está dizendo outra coisa, pois já havia desistido de casar, porém com tudo preparado, não quis perder o dinheiro ou magoar a outra parte ou a própria família, mas está ali pleno de certeza interna de que não quer aquilo naquele momento e não quer com aquela pessoa com quem está se casando. B) simulação parcial: é quando se exclui algum dos elementos do matrimônio, ou seja, a pessoa quer se casar com seu noivo(a), porém exclui algum elemento essencial do matrimônio, como a unidade ou a indissolubilidade, o bem dos cônjuges, ter filhos ou mesmo a própria sacramentalidade do matrimônio. A pessoa diz sim para as perguntas do padre ou assistente designado pela Igreja, mas dentro está dizendo não para estas partes que compõem o conjunto do sacramento do matrimônio, por isto é chamada de simulação parcial. Ambas são simulações porque quem assim age está simulando. A coação e medo seriam qualquer pressão física ou moral exercida sobre a pessoa, os bens ou a honra de um contratante para obrigá-lo ou induzi-lo a efetivar um negócio jurídico, ou seja, a casar. Para que se configure a coação moral é mister a ocorrência dos seguintes requisitos: a) a coação deve ser a causa determinante do negócio jurídico; b) deve incutir à vítima a um temor justificado; c) o temor deve dizer respeito a um dano iminente; d) o dano deve ser considerável ou grave; e) a ameaça deve referir-se a prejuízo que influencie a vontade do coacto a ponto de alterar suas determinações, (Cân. 1101).

7. O que é o consentimento condicionado?

É aquele consentimento emitido sob condição. A pessoa que consente, não diz simplesmente: quero, mas diz: quero se... Ela condiciona seu querer a outras circunstâncias.

8. É permitido celebrar matrimônio sob condição de futuro?

Primeiramente é importante saber o que é matrimônio sob condição de futuro. Basicamente, é quando uma pessoa afirma que se casará com outra estabelecendo uma condição para que ela aceite casar. A norma da Igreja afirma que não se pode contrair validamente o matrimônio sob condição de futuro (Cân. 1102 §1). A questão é que uma vez que não se verificou se a condição será ou não existente, o sacramento ficará dependendo a dessa prerrogativa ou condição, significando uma subordinação que não pode existir, pois como a condição é de futuro, não se pode dizer que um consentimento é válido se aquele elemento que o valida ainda não ocorreu, portanto, não é celebrado este tipo de matrimônio. No entanto, se a condição for de presente ou passado e se verifica a condição, o matrimônio pode ser celebrado, mas com a devida permissão do Bispo, a licença escrita (Cân. 1102 §3).

Forma canônica da celebração do matrimônio

O casamento é para todos, mas o sacramento do matrimônio é apenas para alguns, os cristãos batizados na Igreja Católica ou nela recebidos. É muito importante, neste sentido, não confundir forma canônica da celebração do casamento com forma litúrgica, que são os próprios ritos e cerimônias que acompanham o casamento. Forma canônica, objeto dessas partes do nosso escrito, e forma litúrgica, são coisas bem diversas uma da outra, a ponto de ser possível observar a forma litúrgica sem observar a forma canônica. O casamento em que uma das partes é católica será sempre celebrado na presença de uma testemunha qualificada (sacerdote ou alguém devidamente delegado para exercer a função de testemunha da Igreja) e ao menos duas outras testemunhas, cumprindo assim a forma canônica, mesmo que não exista a forma litúrgica. Imagine o casamento entre ao menos uma parte católica, que ocorra em ambiente hospitalar. Naturalmente, pode-se dispensar do cumprimento do rito litúrgico, mas não da forma canônica. Portanto, este bloco de perguntas e respostas busca informar com clareza e objetividade o que é o requisito da forma canônica.

1. O que é a forma canônica na celebração do matrimônio?

São certas condições sem as quais o matrimônio é nulo. Pode ser ordinária e extraordinária. A forma canônica ordinária é a celebração do matrimônio com todos os requisitos do cân. 1108 ss., a forma extraordinária, que é múltipla, são aquelas formas que levam em conta os vários casos em que se exige apenas alguns requisitos para a validade do matrimônio.

2. Qual a forma ordinária?

Segundo o cânone 1108, pode-se distinguir os seguintes elementos da forma ordinária: a) presença dos contraentes; b) expressão verbal do consentimento por parte dos contraentes; c) cumprimento dos requisitos jurídicos por parte da pessoa do assistente; d) presença das testemunhas comuns. É possível acrescentar ainda a ausência de impedimentos.

3. Quais as formas extraordinárias?

O cânone 1116 apresenta como requisitos da forma extraordinária os seguintes: a) impossibilidade física ou moral da presença do ministro assistente ordinário; b) o perigo de morte de um dos nubentes, quando não é possível, por motivo de tempo, pedir a dispensa da forma canônica; c) fora de perigo de morte, mas quando se prevê prudentemente que a ausência do assistente qualificado será uma realidade que perdurará ao menos por um mês; d) presença de suas testemunhas comuns, que pode ser celebrado tanto na situação de perigo de morte, como fora dele. Estas testemunhas precisam preencher os mesmos requisitos das testemunhas da forma ordinária.

4. Quando se dispensa da forma canônica?

Por ser a forma canônica um requisito de direito eclesiástico e não de direito divino, pode-se, em alguns casos, dispensá-lo. O Motu *Proprio De Episcoporum Muneribus* de 15 de junho de 1966, reservava essa dispensa ao Papa. Após a promulgação do atual código, essa reserva caiu, pois nenhum cânone a menciona. Por outro lado, o cânone 87 §1 afirma que "o Bispo diocesano, sempre que julgar que isso possa concorrer para o bem espiritual dos fiéis, pode dispensá-los das leis disciplinares, universais ou particulares, dadas pela suprema autoridade da Igreja para o seu território ou para os seus súditos". Em sendo a lei que disciplina a forma canônica do matrimônio, uma lei disciplinar universal dada pela Santa Sé, logo pode ser dispensada pelo Bispo diocesano e os que a ele se equiparam no direito, incluso o administrador diocesano. Porém, em 1985, a comissão de interpretação do código de Direito Canônico deu uma resposta a esta questão, afirmando que fora da situação de perigo de morte, o Bispo diocesano não poderia dispensar da forma canônica do matrimônio de dois católicos.

5. O que é o matrimônio secreto?

É a celebração secreta do matrimônio, que deve se dar em caso de extrema necessidade. (Cân. 1130- 1133). Uma hipótese de matrimônio celebrado secretamente é aquela em que uma pessoa ameaçada de morte deseja casar-se com sua companheira. A realizaçãoo secreta do matrimônio evitará então uma exposição da pessoa, de suas testemunhas e familiares, bem como do assistente. A norma sobre os proclamas, presente no cânone 1131 §1) é superada e a cerimônia pode acontecer em local diferente da Igreja paroquial e deve ser mantido em segredo. Inclusive, o registro do matrimônio secreto deve ficar, caso seja preciso, em um livro à parte e arquivado no arquivo secreto da cúria. No entanto, advirta-se que não é permitido celebrar secretamente matrimônio para fraudar a lei civil, como é o caso de pessoas viúvas, que por causa da pensão que recebem, pedem da Igreja uma união matrimonial secreta.

6. Forma litúrgica do matrimônio é a mesma coisa que forma canônica?

Não. A forma litúrgica diz respeito aos ritos e cerimônias que acompanham a forma canônica e que se encontram descritas no livro do rito do matrimônio. A forma litúrgica, na medida em que se distingue da forma canônica, é obrigada apenas para a liceidade do matrimônio, não afetando a sua validade.

7. Quem pode assistir validamente a um matrimônio?

Apenas o Bispo, o pároco ou um sacerdote delegado por qualquer um dos dois, além disso, perante suas testemunhas. Dessa forma, considera-se assistente do matrimônio somente aquele que, estando presente, solicita a manifestação do consentimento dos contraentes e a recebe em nome da Igreja. (Cân. 1108 §§ 1 e 2). Os vigários paroquiais e os diáconos permanentes, se a provisão não constar a delegação, deve obtê-la para cada casamento que assistir. No entanto, se vier na provisão, não necessitam obtê-la para cada casamento em particular, pois possui autorização para todos os casamentos naquela paróquia.

8. Um assistente designado pela Igreja, pode assistir ao matrimônio em qualquer lugar?

Não. Somente quando pelo menos um dos cônjuges estiver dentro dos limites de sua jurisdição. (Cân. 1111 §1). Ou seja, nenhum padre ou diácono ou outro assistente devidamente delegado, pode assistir ao matrimônio sem que seja dentro de sua jurisdição, ou não o sendo, assiste com expressa autorização de quem por direito possa dar.

9. O que é uma delegação para assistir matrimônio e quem pode dar ou receber?

A delegação é um requisito importante para a validade do matrimônio e se traduz numa autorização dada pelo Bispo ou pelo pároco, para que um sacerdote ou diácono seja capaz de assistir validamente a matrimônios dentro da sua jurisdição. Trata-se de uma faculdade especial (1111 §2). É possível que uma delegação seja especial, caso seja para um matrimônio em particular, ou ainda que uma delegação seja geral e deve ser dada por escrito.

10. Onde devem ser celebrados os matrimônios?

Devem ser celebrados na paróquia onde uma das partes contraentes tem domicílio, e a forma de saber a qual paróquia pertence a pessoa, é pelo seu domicílio, presente no comprovante de endereço. (Cân. 1115). Se a pessoa não tem domicílio, ou quase domicílio (6 meses), ou mesmo esteja endereçada no território da paróquia há apenas um mês.

11. O que acontece se tudo estiver pronto, mas o padre ou o diácono que ia assistir ao matrimônio não chegarem por grave motivo?

O matrimônio pode ser celebrado só perante as testemunhas, mas em duas condições: a primeira é em perigo de morte e a segunda é quando as testemunhas têm a certeza de que aquela situação de ausência perdurará por ao menos um mês (Cân.1116). Recorde-se que em ambos os casos se tiver algum sacerdote ou diácono por perto, este deve abençoar o matrimônio e depois se reportar ao Bispo local.

12. Qual o jeito certo de registrar um matrimônio?

O matrimônio é um ato público, que interessa não apenas aos nubentes, mas a toda a sociedade. Por isto deve constar em livro de registro público. O cânone 1121 prescreve que se faça o devido registro. O interessante é que haja um livro para registro dos matrimônios celebrados com o efeito civil e outro livro para aqueles matrimônios celebrados apenas com efeito religioso. Recorde-se que para este último é necessário a dispensa por parte do Bispo, que após averiguar o caso, responde positivamente ou negativamente ao pedido dos nubentes.

Separação e pedido de nulidade

Depois de um longo percurso no qual se reponde questões sobre a doutrina e a norma do sacramento do matrimônio, chega-se ao que mais interessa, o instituto jurídico da nulidade matrimonial. Porém, é importante ter presente que para entender o processo de nulidade, é necessário conhecer rigorosamente o que até aqui foi tratado no que diz respeito ao matrimônio. Por isto, pode-se afirmar com tranquilidade que não há quebra de conexão, mas a demonstração da existência de uma brecha na norma, capaz de acolher situações não queridas, mas pensadas pela doutrina jurídica do matrimônio. As questões que se encontram neste quadro de perguntas e respostas, tem essa finalidade, o de fazer conhecer o instituto jurídico da nulidade matrimonial e busca evidenciar os casos concretos nos quais é legítimo pedir à Igreja que declare nulo o matrimônio celebrado. Sempre deixando presente o entendimento de que para todos os efeitos, todos os matrimônios celebrados, mesmo aqueles falidos, carregam a pressuposição de validade.

1. O matrimônio pode ser dissolvido?

O matrimônio ratificado e consumado não pode ser dissolvido por nenhum poder humano, nem por nenhuma causa, exceto a morte de um dos cônjuges. (Cân. 1141).

2. O que é um matrimônio ratificado e consumado?

Matrimônio ratificado e consumado é aquele matrimônio entre batizados que, além de terem sido celebrados cumprindo todos os requisitos pedidos pela Igreja, houve o ato que selou, que uniu os corpos dos nubentes em uma só carne, através da cooperação sexual.

3. O matrimônio que não foi consumado, mas apenas ratificado, pode ser dissolvido?

Sim. Tendo sido celebrado entre batizados ou entre uma parte batizada e outra não, pode ser dissolvido, mas apenas pelo Romano Pontífice, o Papa, e por justa causa, a pedido das partes ou ao menos de uma delas, mesmo que a outra se oponha (Cân. 1142). Essa dissolução se daria através de um devido processo legal instaurado no tribunal eclesiástico e enviado para a Santa Sé.

4. O que é a nulidade matrimonial?

É uma declaração pública dada pela Igreja, na qual consta a invalidade do vínculo matrimonial e a possibilidade de contrair novas núpcias.

5. Como funciona essa constatação por parte da Igreja?

Através da devida investigação, a Igreja descobre que os elementos que configurariam o matrimônio como um ato juridicamente eficiente e teologicamente existente (sacramento), não estiveram presentes naquele matrimônio. Esta constatação se dá através da instauração de um processo canônico, chamado de processo de nulidade matrimonial.

6. O que é o processo de nulidade matrimonial?

É o meio pelo qual a Igreja analisa se o vínculo matrimonial existiu ou não.

7. Se o matrimônio é uma aliança irrevogável, em que se sustenta o processo de nulidade matrimonial?

O Direito da Igreja prevê, no cânone 1061 §3 a existência do matrimônio inválido. Sendo assim, o legislador deixa margem para que se possa provar que um determinado matrimônio celebrado não tenha sido válido e, assim sendo, haveria a possibilidade de alguém solicitar a declaração de nulidade mediante uma demanda junto ao foro eclesiástico como exercício de um direito garantido pela Igreja ao fiel, conforme se pode observar no cânone 221, que trata do direito de todos os fiéis reivindicarem e defenderem legitimamente os direitos de que gozam na Igreja junto ao foro eclesiástico competente, o tribunal eclesiástico.

8. Onde se encontram as normas canônicas sobre o processo de nulidade matrimonial no código de direito canônico?

Entre os cânones 1141 e 1155.

9. Quais os motivos que podem tornar um matrimônio nulo?

Os motivos são três: a) Impedimento dirimente; b) Vício do consentimento; c) Falta de forma canônica. Estes elementos, caso não sejam observados como pede o direito, pode resultar na nulidade do matrimônio. Recorde-se que os impedimentos se tratam de leis que inabilitam as pessoas a contraírem núpcias, se estas pessoas sob algum dos impedimentos contraem núpcias, o fazem invalidamente. A falta de forma canônica é uma lei irritante, pois, ela não incide sobre a pessoa, mas sobre o ato em si. Mesmo a pessoa sendo habilitada para contrair núpcias, o não seguimento das formalidades previstas pela norma, pode resultar na nulidade do ato. O segundo, que é o consentimento matrimonial, quando dado sob algum defeito que também se chama de vício, não provoca a nulidade porque incide sobre a pessoa ou sobre o ato, mas sobre a vontade e tendo em vista que é o consentimento que faz o matrimônio (Cân. 1057), se este estiver sob circunstâncias que o afete na sua raiz e se consegue provar que aquele consentimento dado estava afetado, o matrimônio pode resultar nulo.

10. Quais as etapas de um processo de nulidade matrimonial?

São as seguintes:

1ª etapa – A postulação. A apresentação do libelo introdutório ao Tribunal Eclesiástico de Primeira Instância: É a elaboração de um relato contendo as justificativas jurídicas para se pedir a declaração de nulidade e ao final desse relato, a pessoa que solicita a declaração faz um pedido formal ao tribunal, para que declare nulo o seu matrimônio;

2ª etapa – A aceitação do processo pelo Tribunal Eclesiástico de Primeira Instância: O tribunal vai emitir um documento afirmando que aceitou o pedido e a partir daí vai orientar a parte sobre como agir;

3ª etapa – A fixação da fórmula da dúvida: Significa que o tribunal, com base no relato da petição, vai informar que o matrimônio será investigado se consta da nulidade por determinado cânone ou capítulo de nulidade;

4ª etapa – A litiscontestação: é o exercício do direito de contestar, que a outra parte tem num processo. Para o caso do processo de nulidade matrimonial, a outra parte será informada da abertura do processo e será notificada a comparecer para tomar conhecimento do que afirmou a parte pedinte acerca do matrimônio e o motivo do falimento, onde poderá se opor ao que leu ou não. Caso se oponha, lhe será dado o direito de litigar, ou seja, contestar aquilo que disse a requerente. Essa contestação pode ser acompanhada de testemunhas, pode ser por escrito, e de outros modos que a pessoa exerça o seu direito de defesa dentro do processo;

5ª etapa – A instrução com oitiva das partes e testemunhas, apresentação de documentos: é a fase da colheita das provas, por parte do tribunal;

6ª etapa – A publicação dos Autos: é a fase onde o tribunal publica os autos e as partes tomam consciência deles;

7ª etapa – A conclusão da causa: encerramento da parte probatória e a publicação dos autos, para possibilitar a elaboração da defesa do sacramento;

8ª etapa – A elaboração da defesa: é o tempo de tomada de conhecimento dos autos, pelo defensor do vínculo sacramental;

9ª etapa – Alegações Finais do Defensor do Vínculo: São as alegações feitas pelo defensor do vínculo, que após tomar nota de tudo que consta contra a validade do matrimônio, produzirá sua defesa em prol do sacramento ou remetendo ao tribunal, quando se percebe incapaz de defendê-lo;

10ª etapa – Estudo e definição pelo Colégio Judicante com a posterior elaboração da sentença: esta é a fase última, quando o juiz presidente do tribunal define o colégio que vai julgar a causa e no final do julgamento a emanação da sentença do tribunal de primeira instância.

Alguém pode auxiliar outra pessoa nos passos introdutórios para pedir a nulidade matrimonial?

Sim. O importante é observar como se faz um relato introdutório.

11. Como se faz um relato de petição introdutório?

Não existe uma forma precisa, porém a mais usual é a seguinte:

1. Apresentar breve relato sobre os antecedentes familiares das partes envolvidas no matrimônio que faliu. É importante saber como foi a infância, a criação da pessoa, a vida familiar. Esta parte do relato, visa identificar elementos importantes que mais tarde poderão explicar em parte algum comportamento que possa vir a ser apontado até mesmo como uma das causas do falimento da vida conjugal. Exemplo: suponhamos que uma pessoa se casou porque passou a vida inteira presa dentro de casa. Casou-se apenas para se livrar da prisão domiciliar que os pais lhe ha-

viam aplicado desde a infância, como uma falsa proteção, mas não saia de casa antes para não os magoar. Imaginemos que depois de 2 anos de casada, morre um dos pais e sobretudo aquele que mais cerceava a liberdade da nubente e ela agora se sente livre daquela obrigação de não magoar. Pois bem, a nubente se descobre infeliz e percebe que deu o consentimento apenas para se livrar daquela situação que vivera desde a infância. Veja como a infância daquela pessoa influenciou diretamente no seu consentimento. Ao relatar este elemento do passado e juntá-lo aos dos tempos de namoro, noivado, casamento e vida matrimonial, pode-se descobrir que aquele casamento não foi celebrado com todos os requisitos necessários para se configurar um verdadeiro sacramento, não obstante a aparência de casamento.
2. Continuar o relato sobre o período do namoro e noivado, detalhando a forma como se conheceram, dizendo quais os principais percalços ou problemas surgidos nesta época, como o casal lidou com estes problemas e de quem foi a iniciativa de noivar. Relatar se os problemas apresentados no namoro são os mesmos do noivado ou se surgiram outros. Dizer se durante o período do namoro e noivado houve alguma separação e falar o motivo da separação. Importante neste relato desta etapa é identificar a continuidade de algum elemento que mais tarde virá a ser a causa de nulidade. Exemplo: imaginemos que desde o namoro os problemas do casal eram por motivo de alcoolismo de uma das partes. Imaginemos que no namoro

não se tratava de grave problema, mas recorrente, e que no noivado continuaram acontecendo e mesmo chegando a diminuir, continuaram acontecendo. Porém, com as promessas de mudança e o sentimento envolvido, as partes desejaram as núpcias mesmo assim.
3. Prosseguir com o relato, agora falando da preparação para o matrimônio, da cerimônia em si, se houve lua de mel, se consumou o matrimônio e continuar relatando a vida matrimonial, sobretudo quais os principais problemas da vida matrimonial, quando começaram estes problemas (depois de quanto tempo de casados ou se já existiam antes do casamento), se houve separação por conta destes problemas depois de casados e etc. É importante considerar que esta parte do relato deve ser detalhado no que diz respeito ao relato dos problemas existentes. O interessante dessa parte do relato é identificar se os problemas da vida matrimonial são os mesmos que existiam antes e se de alguma forma eles interferiram no consentimento. Por exemplo: imaginemos uma pessoa que se casa com alguém cuja falha na fidelidade à relação vem desde o tempo de namoro e noivado, mesmo que não tenha sido algo notório e sequencial, mas existiu, foi percebido por outras pessoas, motivo de brigas e separação durante o tempo do namoro e do noivado, mas por causa das promessas de mudança, a outra parte consentiu o matrimônio. Porém, depois se deu conta que a outra parte não mudou e a vida matrimonial ficou insustentável a ponto de chegarem à separação.

4. Relatar os principais acontecimentos da vida matrimonial e apresentar partes que evidenciem elementos negativos à boa convivência capazes de, de fato, prejudicar o consórcio estabelecido entre os esposos. É o caso da violência, da infidelidade, abandono dos filhos, do lar. Elementos que comprovem que a vida matrimonial aconteceu com grande distância dos elementos consentidos pelas partes, que é a boa convivência, o bem dos filhos, o bem do sacramento etc.
5. Por fim, relatar sobre como se deu a separação, colocar objetivamente os principais motivos, ou o principal motivo, e fechar o relato contando onde e como vivem as partes atualmente, se já estão em outra união, se permanecem sozinhos etc. Todos estes elementos são importantes para o tribunal perceber os fundamentos e aceitar o pedido de início de processo. Imprescindível no desfecho do relato, é ser claro no que deseja do tribunal e dirigir-se ao órgão e ao Vigário Judicial, pedido que, pelos motivos alegados, declare nulo o matrimônio em epígrafe.
6. O relato não pode ser extenso, se prender a detalhes que não tenham nada a ver com o que importa para o processo. Existem relatos tão prolixos que mesmo tendo fundamento jurídico, fica complicado perceber a linha de raciocínio presente no histórico. Ocorre que para chegar ao ponto que interessa, as pessoas apresentam um histórico tão grande que cansa só em ler e confunde no momento de ter presente os elementos importantes para desvendar o fundamento. Por-

tanto, o melhor a fazer é buscar ajuda de alguém, como por exemplo, o pároco, a agente da pastoral familiar, ou em último caso, aos operadores da câmara eclesiástica da diocese do solicitante.

12. Para qual tribunal eu devo enviar o meu pedido de nulidade matrimonial?

Para aquelas causas de nulidade que não estejam reservadas à Sé Apostólica, são competentes: a) O tribunal do lugar em que se celebrou o matrimônio; b) o tribunal do lugar em que uma ou ambas as partes vivem; c) o tribunal do lugar em que de fato estão presentes a maior parte das provas a serem recolhidas. Quem entrar com o pedido de declaração de nulidade, precisa observar estes elementos e ingressar com a causa.

13. O que acontece quando em uma diocese não tem um tribunal? Para onde se deve enviar o pedido?

Pode acontecer que uma diocese não tenha um tribunal, mas as causas dessa diocese são atendidas por um tribunal formado por um grupo de dioceses, chamado tribunal interdiocesano. É para lá que os pedidos devem ser enviados.

14. O tribunal sempre aceita os pedidos?

Não. Apenas são aceitos os libelos introdutórios que cumpram os requisitos exigidos pelo direito. A saber: relato bem fundamentado, conjuntos dos documentos necessários, identificação do casal feito de maneira correta.

15. O que é o libelo introdutório?

É o conjunto dos documentos, mais o relato da parte interessada na abertura do processo de nulidade matrimonial. É preciso cuidar bem para que o libelo não retorne ao remetente por falta de fundamento jurídico ou de documentação. Pode ocorrer que o relato até esteja bem jeito, mas falte algum documento que deveria compor o conjunto da obra. Portanto, ficar atento a todos os itens da questão anterior.

16. O que é e como se faz a identificação do casal?

É a apresentação dos dados pessoais de cada nubente, do dia do casamento, do local onde se casou, os endereços atuais das partes, ou seja, onde cada um reside atualmente.

17. E as testemunhas, não deveriam entrar nessa listagem?

Não. Porque para o tribunal eclesiástico, o importante é conhecer quem são as partes envolvidas no processo e como o órgão poderá contatá-los, por isto a necessidade de preencher corretamente os endereços com o CEP. As testemunhas serão postas no final do relato, mas também precisa colocar o endereço das mesmas e outros meios de contatos.

18. Qual é a documentação que se deve juntar para pedir a nulidade matrimonial?

a) Habilitação matrimonial;
b) Certidão de casamento religioso;

c) Certidão de divórcio;
d) Certidões de batismo dos nubentes, atualizada;
e) Apresentar entre 03 e 06 testemunhas que confirmem o que está posto no relato da parte que entrou com o processo. Estas testemunhas precisam ser corretamente identificadas com (nomes, endereços com CEP, e-mail, telefone para contato), a fim de receberem as notificações de comparecimento para sessão de depoimento.

19. O que é cada um desses documentos apresentados acima?

São documentos importantes para o início do processo. A habilitação matrimonial é o conjunto dos documentos juntados para o casamento. Todo matrimônio é um contrato, como diz o cânone 1055, portanto produz documentos. A habilitação matrimonial fica arquivada na paróquia e não pode ser arquivado de qualquer jeito, mas com bastante cuidado. Nunca pode ser descartada. A certidão de casamento é o documento produzido a partir do livro de registro do matrimônio e quando alguém precisa dessa certidão, a paróquia tem o dever de expedi-la, contato que se tenha uma razoável justificativa para solicitar. Esta certidão, por ser produzida a partir do livro de registro do matrimônio, sempre será a paróquia onde as partes casaram que tem o dever de expedir. As certidões de batismo dos nubentes são documentos necessários para compor o libelo introdutório, mas apesar de estar na habilitação matrimonial, no caso de pedido de nulidade, devem ser obtidos na paróquia onde cada uma das partes envolvidas fora batizada. Isto porque em geral um documento eclesiástico desses tem seis meses de validade. A parte interessada em entrar com o processo de nulidade deve ir à paróquia onde cada uma das partes foi batizada e solicitar a certidão do nubente, para fins de nulidade matrimonial. a certidão de divórcio é o documento expedido pelo órgão público que atesta a separação das partes perante o poder civil. Também este documento é importante, pois sem ele não é possível iniciar o processo de nulidade matrimonial, visto que ainda existe um vínculo que independe da Igreja. É preciso provar que este vínculo não existe e é a certidão de divórcio que prova essa realidade. Observe que para a certidão de casamento e cada folha-cópia da habilitação matrimonial, deverá constar uma espécie de atestado ou selo de originalidade e este vem pelos dizeres transcritos na questão anterior, a assinatura do atual pároco e o carimbo da paróquia onde os documentos foram extraídos. As certidões de casamento e de batismo não precisam desses detalhes porque já serão expedidos de forma original, apenas para as cópias se pede o selo de autenticidade e em geral apenas as folhas dos documentos da habilitação matrimonial serão expedidas em cópias.

20. O que pode acontecer após o pedido de nulidade feito ao tribunal?

O tribunal pode rejeitar por algum defeito de forma ou de conteúdo, ou seja, de fundamento. Caso o libelo seja rejeitado, certamente o tribunal indicará porque foi rejeitado e a parte solicitante poderá refazer o libelo, para aqueles casos de falta de fundamento. Para aqueles casos em que a rejeição se deu por de falta de algum documento, o tribunal indicará qual o documento, o solicitante poderá refazer documentalmente o pedido e reenviar para o tribunal. Outra hipótese é a aceitação. Tendo sido aceito o libelo, o tribunal entrará em contato com a parte solicitante e lhe informará da aceitação e a partir desse momento, o processo propriamente dito tem início.

21. A outra parte terá acesso ao relato de quem entrou com o processo?

Sim. É um direito que assiste a outra parte. Ela tem que tomar conhecimento do relato, pois ela é uma das partes envolvidas no processo e pode participar ativamente do mesmo.

22. O que acontece se a outra parte não concordar com o relato que foi feito pela parte que entrou com o pedido de nulidade?

Ela tem direito de dizer ao tribunal que aquele relato não condiz com a verdade dos fatos. A outra parte pode listar todas as partes do relato que entender não corresponder com a verdade e apresentar o seu próprio relato. Ela faz isto na litiscontestação, ou seja, naquele momento em que ela toma conhecimento do relato da parte que entrou com o processo.

23. E se a outra parte não aceitar as testemunhas colocadas perante o tribunal e desejar ela também colocar suas testemunhas?

Ela poder fazer isto sim. Primeiro deve justificar porque não aceita alguma das testemunhas colocadas pela parte solicitante da nulidade e depois pode apresentar suas próprias testemunhas. O tribunal vai avaliar sobre o pedido de suspensão de testemunhas e deferir se sim ou não. Mas sempre aceitará a proposição de testemunhas por parte do outro nubente. O importante é que seja apresentada uma justificativa plausível para que o tribunal avalie se aceita o pedido de suspensão de testemunha ou não.

24. E se a outra parte não desejar participar do processo, o que acontece?

O processo prossegue normalmente. O importante é que a parte que se recusa a participar, tenha sido devidamente notificada sobre a existência de um processo para declarar nulo o matrimônio do qual ela faz parte.

25. A outra parte ficará sabendo do relato presente no libelo introdutório?

Sim, ela ficará sabendo. É um direito da outra parte tomar consciência do que foi dito sobre o matrimônio dela com a solicitante da nulidade.

26. O que acontece se os dois cônjuges desejarem entrar com o pedido de nulidade juntos, é possível?

Sim, é possível. Os cônjuges podem atuar conjuntamente. Em caso de atuação conjunta, a depender do julgamento do juiz, é possível que o processo seja tratado na sua forma breve e não na forma ordinária. Mais a diante se explicará o que significa essa forma breve e como funciona. Outros processos podem ser tratados na forma documental, também será explicado mais a diante.

27. Existem provas no processo de nulidade matrimonial? explique como funciona.

Sim, existem. As próprias testemunhas são meios de provas, assim como laudos periciais, cartas, fotos, mensagens de aplicativos, qualquer coisa que corrobore com o que está alegado na redação introdutória, ou seja, no libelo introdutório. O importante é que os meios de provas nunca sejam obtidos de maneira ilegal ou ilícita pelas partes e que sua proposição aconteça no momento correto no processo.

28. Se uma pessoa entra com o pedido de nulidade matrimonial, mas as testemunhas que poderia ajudá-la não moram perto dela, isto seria um problema para o processo?

Não, não seria um problema. Por isto que é de suma importância que se preencha adequadamente o formulário, inclusive não esquecendo de colocar o endereço atual das testemunhas, com CEP e outras informações, como e-mail e telefone.

29. O processo é pago? Caso seja, qual o valor?

Sim, existem custos. O tribunal é uma estrutura grande, que envolve salas, material de escritório, funcionários (entre juízes, promotores, notários, defensores do vínculo, secretária, recepcionista, auditores, pessoal da limpeza e alguns terceirizados, como office-boy etc.), água, luz, telefone, internet e toda essa estrutura não tem o suporte econômico do estado brasileiro, porque o estado é laico e o tribunal é confessional, é da Igreja Católica e resolve processos internos da Igreja. Por isto é necessário que se pague, visto que todo esse aparato está disponível para cuidar do processo daquelas pessoas que desejam a nulidade do matrimônio. No entanto, o valor é estipulado por cada tribunal eclesiástico. Porém, é importante informar que existem dois dispositivos importantes, a saber: um se chama a redução de custas e ou outro a justiça gratuita. O primeiro dispositivo se trata da concessão, mediante pedido orientado, para que o tribunal reduza as custas do processo. Este pedido é feito mediante algumas orientações do próprio tribunal. O segundo dispositivo, é a eliminação das custas, que também pode ser requerido pela parte que entrou com o processo, mas para a obtenção é necessário fazer parte dos critérios solicitados pelo tribunal.

30. Todos os matrimônios cuja nulidade é pedida e o tribunal aceita a petição inicial, são declarados nulos?

Não. Depende do processo. Por isto se chama processo, porque vai investigar, por vias técnicas-jurídicas, se aquele determinado matrimônio pode ou não ser declarado nulo. Ou seja, o processo pode culminar no reconhecimento de que aquele matrimônio faltou os elementos necessários para sua validade sacramental ou pode concluir que o matrimônio é válido.

31. Como é feita essa conclusão?

Através da sentença afirmativa ou negativa. A sentença afirmativa é aquela que diz que o matrimônio em epígrafe foi declarado nulo. A sentença negativa é aquela que negou ao solicitante a declaração de nulidade, por entender que, apesar de a convivência não ter dado certo, o matrimônio-sacramento aconteceu e é válido.

32. Diante de uma sentença negativa, a parte que entrou com o processo pode fazer alguma coisa, caso se encontre descontente com a pronúncia do tribunal?

Sim, pode. Ela pode recorrer a um tribunal de segunda instância.

33. E se o tribunal de segunda instância confirmar a sentença do tribunal anterior, ainda resta algo a fazer?

Sim, a parte pode entrar com apelação no tribunal de terceira instância, que neste caso é a Rota Romana.

34. O que acontece com a vida de fé de quem teve a nulidade negada por sentença judicial?

Aquele casal fica preso ao vínculo sacramental. Não podendo contrair núpcias outra vez na Igreja Católica. Mas é preciso dizer que a vida de fé não muda, porque as pessoas envolvidas nesta situação encontram na Igreja um espaço de acolhida e de crescimento na fé, mesmo em condições especiais, sobretudo para aquelas pessoas que se encontram em outra união marital.

35. Caso o tribunal dê uma sentença afirmativa para a nulidade, as pessoas envolvidas estão livres para se casar na Igreja novamente?

Sim, estão, mas terão que esperar uma última palavra do tribunal dando esta permissão. Ou seja, não é automática a permissão, mas o tribunal que autoriza. Desse modo, as novas núpcias só podem ser celebradas após a expressa autorização do tribunal, pois é preciso seguir alguns protocolos, como registros nos livros de batizados de ambos os agraciados e outras providências.

36. Quem é responsável por cuidar destas questões, é o próprio agraciado?

Não. Aquelas pessoas que forem agraciadas com a declaração de nulidade do seu matrimônio, apenas terão que aguardar a permissão do tribunal para contrair novas núpcias. A responsabilidade pelas devidas providências para que isto possa acontecer, é do tribunal, que se comunicará com o Bispo da diocese e este se comunicará com os respectivos párocos das paróquias dos nubentes envolvidos no processo de nulidade.

37. Quanto tempo dura um processo de nulidade matrimonial?

Depende do andamento de cada etapa do processo de nulidade matrimonial. Não é possível determinar um tempo específico, muito menos fazer previsões, pois existem situações em que se pode encerrar um processo em menor tempo do que outro. Assim como, a depender das características dos envolvidos no processo, pode ser mais demorado. Imaginemos um casal que se separou há alguns anos e a esposa casou-se civilmente com um companheiro em outro país. Até que ela seja notificada que seu esposo entrou com processo de declaração de nulidade e responda a notificação do tribunal, pode demorar mais tempo do que aqueles processos em que as partes moram uma perto da outra. A mesma coisa vale para as testemunhas, visto que podem não mais residir no mesmo território do peticionário ou mesmo não ser encontrado para depor com facilidade. Portanto, não é interessante estipular tempo.

Processo breve

Em 15 de agosto do ano de 2015, na ocasião da abertura da Porta Santa para o Jubileu Extraordinário da Misericórdia, entraram em vigor as Cartas Apostólicas em forma de Motu Proprio do Papa Francisco, *Mitis Iudex Dominus Iesus* e *Mitis et Misericors Iesus*, do Papa Francisco, ambas sobre a reforma do processo canônico para as causas de declaração de nulidade do matrimônio. Com estas cartas, o Papa iniciava uma reforma do processo matrimonial, colocando no centro das preocupações, o serviço aos fiéis necessitados de um especial cuidado pastoral depois do fracasso do seu matrimônio, também por meio da verificação e eventual declaração da nulidade matrimonial. Entra em cena o Bispo Diocesano como primeiro servidor da justiça. Ele exerce uma centralidade capilar no processo, de tal modo que o Papa Francisco é do entendimento que para os processos ordinários, cada Bispo constitua pessoalmente um tribunal colegial, salvaguardada a possibilidade do Juiz único, e que, no processo mais breve, ele próprio julgue pessoalmente. O Bispo, portanto, é o juiz do processo breve. Fala-se em procedimentos simples e ágeis e a ideia é, exatamente, simplificar. Neste quadro das perguntas e respostas, o leitor terá todas as informações necessárias para entender esse processo breve e como solicitar a declaração utilizando deste instrumento recente e eficaz.

1. O que é o processo breve?

É um processo mais simples do que aquele ordinário, onde não é mais necessário que um tribunal de segunda instância confirme a sentença do tribunal de primeira instância para que esta sentença se torne executiva. Em caso de não ter apelo, a sentença de primeira instância já é suficiente para que a nulidade seja declarada e a parte solicitante, bem como a outra parte, estejam livres para contrair novas núpcias.

2. Quais os elementos que diferenciam o processo breve daquele ordinário?

1º A brevidade: o processo é mais simplificado do que o processo ordinário;
2ª Notoriedade da nulidade: Os processos breves se dão em casos mais notadamente de nulidade matrimonial do que o processo ordinário;
3º Juiz: no processo breve o Bispo diocesano, e apenas ele, é o juiz que julga a causa;
4º Apelo: O Bispo metropolitano é a sede de apelo para as dioceses que fazem parte da província eclesiástica. Isto reduz e muito o tempo do processo, porque reduz a burocracia.

3. Como se desenvolve uma causa no processo breve?

O processo breve tem algumas particularidades que o fazem ser distinto daquele processo chamado ordinário, no tocante ao desenvolvimento da causa. A saber:
   a) Normalmente os conjugues entram com o pedido de nulidade, de comum acordo, mas pode ser

apenas uma das partes, com o consentimento da outra ou mesmo o promotor de justiça, quando percebe que a possibilidade de convalidar já não existe e a nulidade é algo divulgada pela própria natureza e notoriedade dos fatos.

b) O Vigário Judicial, tem o papel de auxiliar o Bispo, determinando por decreto, após averiguação técnica, que se trata de um processo breve. Ele deve, em conformidade com Bispo Diocesano, determinar a fórmula da dúvida e nomear o instrutor e o assessor para que se faça as devidas citações para as pessoas que deverão participar do processo.

c) O recolhimento da prova se tornou bastante sucinta e por isto acelera o conjunto processual. Por exemplo, apenas o relato das partes ou de uma das partes com a anuência da outra, pode assumir valor de prova plena. Mesmo o depoimento de apenas uma testemunha pode fazer fé plena, caso se trate de uma testemunha qualificada que deponha com conhecimento de causa. Entre as provas, a brevidade da convivência matrimonial tornar-se ponto chave para encaminhar os autos para o julgamento do Bispo diocesano.

d) Após analisar a causa, segundo pede a norma, depois de ter consultado o instrutor e o assessor nomeados no início do processo, o Bispo Diocesano deve submeter o processo a um defensor do vínculo e após esses passos, deve pronunciar a sentença. Recorde que apenas o Bispo pronuncia a sentença, não pode fazê-lo através de um tribunal.

e) A sentença deve ser emanada pelo Bispo, apenas afirmativa, após escutar os assessores, as observações do defensor do vínculo e chegar a uma certeza moral sobre a nulidade. Caso não consiga enxergar nulidade no processo, a causa deve ser enviada para o tribunal para ser tratada como ordinária e não breve.

Processo documental

O processo documental é, entre todos o mais simples, porque é fruto de um erro que não poderia ter acontecido. Ele tem o objetivo de reparar um ato jurídico defeituosos na sua raiz documental. Imaginemos um casamento assistido por uma pessoa que não tinham a faculdade de assim agir, mas o fez por ingenuidade, obediência a um pároco incauto ou coisa do gênero. Pois bem, quando matrimônios com esse tipo de defeito vem a falir e as partes ou ao menos uma delas busca a Igreja para ingressar com o pedido de declaração de nulidade, basta averiguar que aquele matrimônio não foi realizado sequer e seguir os trâmites legais e declarar sua nulidade sumariamente. Para este tipo de processo, não querer a escuta das testemunhas, ou das partes, apenas o pedido e a prova da existência do defeito previsto no processo documental são suficientes. Bem verdade é, que sempre se fará necessário seguir um procedimento, mas nada que se aproxime do ordinário ou mesmo do processo breve. Por isto, no intuito de ser tal e qual o processo documental o é, nesta parte consta apenas de uma pergunta e uma única resposta.

1. O que é o processo de nulidade documental?

É aquele processo de nulidade que decorre de falta de forma canônica ou a presença de um impedimento que não se poderia ter dado a dispensa ou um impedimento cuja dispensa deveria ter sido concedida para a validade do ato, mas não consta na habilitação processual por não ter sido solicitada e o matrimônio ter sido celebrado à revelia da norma. Outro elemento importante é a obediência da forma canônica no que diz respeito à testemunha qualificada. Se se prova que quem assistiu não tinha capacidade para tal e este matrimônio, mesmo que por outros motivos venha a falir, cabe imergi-lo na categoria de processo documental, ou seja, falta documento para validar o sacramento. Este documento pode ser a testemunha qualificada, devidamente aprovada pela Igreja, pode ser o documento de dispensa de um impedimento ou pode ser a falta de qualquer elemento importante da forma canônica. O processo documental só pode ocorrer se houver a certeza jurídica que falta algum dos elementos citados acima, caso contrário a causa deve ser tratada como ordinária ou breve, caso preencha os requisitos.

Conclusão

1. Por que é importante conhecer o processo de nulidade matrimonial?

Porque é um meio de cumprir a justiça do Reino. Muitas pessoas sequer sabem da possibilidade de ter seu matrimônio investigado mediante um processo jurídico na Igreja católica e por isto permanecem angustiadas, afastada da Sagrada Eucaristia. Muitos casais que são chamados de segunda união, na verdade estão irregulares e por vezes sofrendo em relação à fé e vida sacramental, porque não conhecem este dispositivo jurídico da misericórdia pela via processual. Entender o processo de nulidade matrimonial, significa estar apto para ser sinal da misericórdia e da graça divinas na vida de muitas pessoas que se encontram às margens da verdade sobre seu matrimônio e por isto, às margens da vida sacramental também. Pessoas que não tiveram a oportunidade de saberem a verdade sobre seu vínculo matrimonial-sacramental, passarão a conhecer e por isto poderão ser libertas de um vínculo que na verdade nunca existiu. Conhecereis a verdade e a verdade vos libertará (Jo 8,32).

Apêndice

Modelo de identificação do casal para ser enviado ao tribunal junto com os documentos e o relato da parte que solicita a nulidade do seu matrimônio.

IDENTIFICAÇÃO DO CASAL

PARTE DEMANDANTE
Nome:
Data de Nascimento:
Local de Nascimento:
Filiação:
CPF:
Endereço:
E-mail:
Telefone:
Profissão:

PARTE DEMANDADA
Nome:
Data de Nascimento:
Local de Nascimento:
Filiação:
CPF:
Endereço:
E-mail:
Telefone:

CELEBRAÇÃO DO MATRIMÔNIO

Data:
Paróquia:
Arquidiocese:
Celebrado civilmente Sim ( ) Não( )

(OBS.: Esta parte abaixo deve ir na mesma folha que segue com o relato dos fatos, e a parte acima deve ir em folha separada)

Ao
Exmo. Revmo. Sr.
Vigário Judicial do Tribunal Eclesiástico Interdiocesano e de Apelação

Nome completo, filha de (nome dos pais), (data de nascimento) em (cidade-estado), (Religião), de profissão....., residente (endereço completo com CEP), (Nome da paróquia e diocese), vem mui respeitosamente solicitar deste tribunal a declaração de nulidade do seu matrimônio celebrado com (Nome completo), filho de (nome dos pais), (data de nascimento) em (cidade-estado), (Religião), de profissão....., residente (endereço completo com CEP), (Nome da paróquia e diocese). O casamento aconteceu na data (data do casamento), na paróquia (Nome da paróquia e onde se casou) diocese de (Diocese onde fica esta paróquia do casamento), precisa ser declarado nulo pelos motivos que seguem.

OBS.: Relato dos fatos como descrito na pergunta 44, que deve terminar com a seguinte fórmula: "Pelos motivos aqui expostos, peço a este Tribunal Eclesiástico que declare nulo o meu matrimônio", e logo depois os nomes das testemunhas com a seguinte fórmula: "Para provar o que alego, apresento as seguintes testemunhas".

Ficará:
Pelos motivos aqui expostos, peço a este Tribunal Eclesiástico que declare nulo o meu matrimônio e para provar o que alego, apresento as seguintes testemunhas.

TESTEMUNHAS (entre 03 e 06)

Nome:
Endereço:
CPF:
Telefone:
E-mail:
Grau de parentesco:

Modelo de libelo pronto para ser enviado ao tribunal junto com os documentos e o relato da parte que solicita a nulidade do seu matrimônio. (Trata-se de uma ficção, não de um caso real ou mesmo extraído de um caso real).

IDENTIFICAÇÃO DO CASAL

PARTE DEMANDANTE

Nome: Rita Gomes Menezes
Data de Nascimento: 03 de setembro de 1983
Local de Nascimento: Perola Branca - BA
Filiação: Sônia Gomes Amaranto e Salvador da Rocha Menezes
Endereço: Rua Bonito, 45, Bairro Quebra Pau – Perola Branca-BA – CEP 44035-245
E-mail: ritagomesmm@gmail.com
Grau de Instrução: Advogado
Profissão: Professora Primária
Telefone: (72) 98365-****
Religião: Católica

PARTE DEMANDADA

Nome: Antonielton Sales da Silva
Data de Nascimento: 23 de fevereiro de 1982
Local de Nascimento: Perola Branca - BA
Filiação: Batista da Silva e Mônica Flores Sales
Endereço: Rua Tadeu, 05, Bairro Malhadas – Perola Branca – CEP 44035-245
Telefone: (72) 98345-****
E-mail: salessilva23@gmail.com

CELEBRAÇÃO DO MATRIMÔNIO

Data: 22 de dezembro de 2010
Paróquia: N. Sra. do Carmo
Diocese: São Bartolomeu
Casamento civil: Sim(x) Não( )

Ao
Exmo. Revmo. Sr.
Vigário Judicial do Tribunal Eclesiástico Interdiocesano (nome da cidade onde fica o tribunal)
Rita Gomes Menezes, filha de Sônia Gomes Amaranto e Salvador da Rocha Menezes, 03 de setembro de 1983 em Perola Branca - BA, Católica, de profissão Professora Primária, residente Rua Bonito, 45, bairro quebra pau – Perola Branca-BA – CEP 44035-245, Paróquia Nossa Senhora do Carmo diocese de São Bartolomeu, vem mui respeitosamente solicitar deste tribunal a declaração de nulidade do seu matrimônio celebrado com Antonielton Sales da Silva, filho de Batista da Silva e Mônica Flores Sales, 23 de fevereiro de 1982 em Perola Branca - BA, católico, de profissão técnico em contabilidade, Rua Tadeu, 05, Bairro Malhadas – Perola Branca – CEP 44035-245, Paróquia Nossa Senhora do Carmo, diocese de São Bartolomeu. O casamento aconteceu na 22 de dezembro de 2010, na paróquia N. Sra. do Carmo, diocese de São Bartolomeu, precisa ser declarado nulo pelos motivos que seguem.
OBS.: Relato dos fatos como descrito na pergunta 12, do capítulo: "separação e pedido de nulidade".

TESTEMUNHAS (entre 03 e 06)
Nome:
Endereço:
Telefone:
e-mail:

OBS.: Anexar documentação. A mesma documentação descrita na questão 19 do capítulo: "separação e pedido de nulidade".

OBS.: Não esquecer de direcionar o pedido de nulidade ao tribunal, na pessoa do Vigário Judicial.

Bibliografia

Documentos dos Papas

PAULUS PP. VI, Litterae apostolicae motu proprio datae *Causas matrimoniales*, Normae quaedam statuuntur ad processus matrimoniales expeditius absolvendos 28 martii 1971, in *AAS* 63 (1971) 441-446.

IOANNES PAULUS PP. II, Adhortatio apostolica *Familiaris consortio*, Ad Episcopos, sacerdotes et Christifideles totius Ecclesiae Catholicae: de Familiae Christianae muneribus in mundo huius temporis, 22 novembris 1981, in *AAS* 74 (1982) 81-191

FRANCISCUS PP., Litterae apostolicae motu proprio datae *Mitis et misericors Iesus,* Quibus canones Codicis Canonum Ecclesiarum Orientalium de Causis ad Matrimonii nullitatem declarandam reformantur, 15 augusti 2015, in *AAS* 107 (2015) 946-957.

FRANCISCUS PP., Litterae apostolicae motu proprio datae *Mitis Iudex Dominus Iesus,* Quibus canones Codicis Iuris Canonici de Causis ad Matrimonii nullitatem declarandam reformantur, 15 augusti 2015, in *AAS* 107 (2015) 958-970.

FRANCISCUS PP., Adhortatio apostolica post-synodalis *Amoris laetitia*, Episcopis Presbyteris Diaconis Personis Consecratis Christianis Coniugibus omnibus Christifidelibus: de Amore in Familia, 19 martii 2016, in *AAS* 108 (2016) 311-446.

Discursos dos Papas

PIUS PP. XII, Allocutio *Già per la terza volta*, Tribunalis Sacrae Romanae Rotae necnon eiusdem Tribunalis Advocatis e Procuratoribus haec verba fecis, 3 octobris 1941, in *AAS* 33 (1941) 421-462.

PIO PP. XII, Allocutio *Il vedervi intorno*, Ad praelatos auditores ceterosque officiales et administros tribunais S. Romanae Rotae necnon eiusdem tribunais advocatos et procuratores, 1 octobris 1942, in *AAS* 34 (1942) 338-343.

IOANNES PP. XXIII, Allocutio *La inaugurazione*, Ad praelatos auditores ceterosque officiales, advocatos er procuratores Tribunalis Sacrae Romanae Rotae, 19 octobris 1959, *AAS* 51 (1959) 822-824.

IOANNES PP. XXIII, Allocutio *Congregatos Vos*, Eminentissimis patribus, excellentissimis praesulibus ceterisque membris commissionis centralis Conciliio Oecumenico Vaticano altero parando, ad inaugurandos coetus, quibus eadem Commissio suos aggressa est laboris, 12 iunii 1961, in *AAS* 53 (1961) 495-499.

IOANNES PP. XXIII, Allocutio *La Santa Messa*, Ad praelatos auditores ceterosque officiales, advocatos er procuratores Tribunalis Sacrae Romanae Rotae, 13 dicembris 1961, in *AAS* 53 (1961) 817-820

FRANCISCUS PP. Allocutio *La vostra presenza*, Ad Participantes Curriculum Institutionis Episcopis de Novo Matrimoniali Processu Constitutum Rota Romana, 24 novembris 2016, in *AAS* 108 (2016) 1383-1385.

FRANCISCUS PP., Allocutio *Sono lieto*, Ad Participes Cursus a Tribunali Rotae Romanae provecti, 25 novembris 2017, in *AAS* 107 (2017) 1313-1316.

Livros

ADRIANO Valerio, *La reforma canonica sul matrimonio e la riforma del processo di nulità*, Vaticano 2016.

ARROBA CONDE Manuel J. *Diritto Processuale canonico*, Roma: EDIURCLA, 6a ed., 2012.

ARROBA CONDE Manuel J. *Direito Processual Canônico*, tradução de VIEIRA TARCÍSIO Pedro e DE JESUS RIBEIRO Valdinei, São Paulo: Paulus, 2022.

BELFIORE Gianluca, *I processi di nullità matrimoniale nella riforma di Papa Francesco*, Troina e Catania 2017.

BROLEZE Adriano (Org), *Matrimonium, teologia e direito*, Eclesiale, 2018.

HORTAL J. *O que Deus uniu: lições de direito matrimonial canônico*, São Paulo, Loyola, 6ª ed. 2006.

LLOBELL Joaquín, *Los processos matrimoniales en la Igresia*, Instituto de Ciencias para la Familia, Universidad de Navarra, Madri: Ediciones Rialp, S.A.: 2014.

LOURENÇO, Luiz G. *Direito Canônico em perguntas e respostas*, São Paulo, Loyola, 3ª ed., 2018.

GRUPPO ITALIANO DOCENTI DI DIRITTO CANONICO (Ed.), *La riforma del processo canonico per la dichiarazione di nullità del matrimonio*, Milano 2018.

ORTEGA Olmos (Ed.), *Processos de nulidade matrimonial tra la reforma del Papa Francisco*, Madrid 2016.

QUADERNI DI DIRITTO ECCLESIALE, *La riforma dei processi matrimoniali di Papa Francesco. Una guida per tutti*, Milano 2016.

STEFNELLO Evandro, *O tribunal interdiocesano, origem, constituição e normas*, São Paolo: Paulus, 2019.

VV. AA. *Il nuovo processo matrimoniale canônico. Una guida tra dirito e cura pastorale* (Societá, Diritti, Religione, collana direta da Gaetano DAMMACCO, 23), Bari 2018.

VILADRICH Pedro-Juan, *O Consentimento Matrimonial*, Barbosa e Chavier LTDA, Braga, 1997.

Artigos

ARROBA CONDE Manuel Jesús, *Il M.P. Mitis Iudex Dominus Iesus in relazione al concetto di «giusto processo»*, in *Annales VI* (2018) 9-34.

ARROBA CONDE Manuel Jesús, *La experiencia sinodal y la reciente reforma procesal en el Motu Proprio Mitis Iudex Dominus Iesus*, in *Anuario de Derecho Canónico* 5 (2016) 165-191.

ASTIGUETA Damian Guillermo, *Riflessioni a proposito della natura giuridica del processo più breve*, in *Periodica de Re Canonica* 106 (2017), 29-56.

BONI Geraldina, *La riforma del processo matrimoniale canonico. Osservazioni e questioni aperte*, in GRUPPO ITALIANO DOCENTI DI DIRITO CANONICI (Ed.), *La riforma del processo canonico per la dichiarazione di nullità del matrimonio*, Milano 2018, 105-251.

BUNGE Alejandro W., *Natura e particolarità del processo matrimoniale più breve davanti al vescovo*, in *Annales* 6 (2018) 71-92.

CARRERAS Joan, *Comentario al can. 1678*, in MARZOA Ángel - MIRAS Jorge

RODRÍGUEZ-OCAÑA Rafae (Ed.), Comentario Exegético al código de derecho canónico, IV/2, cânn. 15011752, Pamplona 21997, 1889-1893.

CARRERAS Joan, *Comentário al can. 1679*, in MARZOA Ángel - MIRAS Jorge - RODRÍGUEZ-OCAÑA Rafael (Ed.), *Comentario Exegético al código de derecho canónico*, IV/2, cânn. 15011752, Pamplona 21997, 1894-1896.

DE DIEGO-LORA Carmelo, *Comentario al can. 1682*, in MARZOA Ángel - MIRAS Jorge - RODRÍGUEZ-OCAÑA Rafael (Ed.), *Comentario Exegético al código de derecho canónico*, IV/2 cânn. 1501-1752, Pamplona 21997, 1909-1924.

FRANCESCHI Héctor, *La preparazione della causa di nullità nel contesto della pastorale familiare unitaria. La necessità di superare un'impropria dicotomia tra diritto e pastorale,* in GRUPPO ITALIANO DOCENTI DI DIRITTO CANONICI, *La riforma del processo canonico per la dichiarazione di nullità del matrimonio*, Milano 2018, 63-84.

INGUSCIO Antonio, *Processo di nullità matrimoniale alla luce del M.P. Mitis Iudex*, in PUDUMAI DOSS Jesu - DUC DUNG DO Giuseppe (Ed.), *Schola humanitatis. Famiglia e matrimonio nella legislazione ecclesiale,* Roma 2016, 216-236.

PAULETTI Pierluigi, *La valorizazione del giudice laico alla luce del M.P. Mitis Iudex*, in PUDUMAI DOSS Jesu - DUC DUNG DO Giuseppe (Ed.), *Schola humanitatis. Famiglia e matrimonio nella legislazione ecclesiale,* Roma 2016, 237-254.

Este livro foi impresso em papel ivory bulk 65g, capa triplex 250g.
Edições Fons Sapientiae
é um selo da Distribuidora Loyola de Livros

Rua Lopes Coutinho, 74 - Belenzinho 03054-010 São Paulo - SP
T 55 11 3322 0100 | editorial@FonsSapientiae.com.br
www.FonsSapientiae.com.br